Ariann Music

EL PODER DE UNA CANCIÓN

DESTINO

DESTINO INFANTIL Y JUVENIL, 2018
infoinfantilyjuvenil@planeta.es
www.planetadelibrosinfantilyjuvenil.com
www.planetadelibros.com
Editado por Editorial Planeta, S. A.

Maquetación de Endoradisseny

Avda. Diagonal, 662-664, 08034 Barcelona
Primera edición: noviembre de 2018
ISBN: 978-84-08-19724-9
Depósito legal: B. 21.792-2018
Impreso en España – *Printed in Spain*

El papel utilizado para la impresión de este libro es cien por cien libre de cloro y está calificado como papel ecológico.

ESTE LIBRO PERTENECE A:

CAPÍTULO 1

¡Lexa se va a enterar!

Ariann, Andrea y Ainhoa caminaban entre un montón de chicos y chicas. El pasillo estaba lleno de alumnos con las mochilas a la espalda, riendo y comentando la mañana. Era la hora de comer y, como de costumbre, todos estaban alborotados y el ambiente era alegre y bullicioso. Las chicas casi tenían que gritar para oírse.

—¡Cómo se ha pasado el profe de lengua! —se quejó Ainhoa, sacudiendo su melena castaña y esquivando a un chico que daba toques con la cabeza a una pelota de tenis.

—Ha sido el examen más largo de la historia. ¡Me duele la muñeca de tanto escribir! —dijo Ariann. Con un movimiento rápido atrapó la pelota justo antes de que chocara contra ella y se la devolvió a su propietario con un pase preciso.

—¡Vaya reflejos, Ariann! —exclamó Ainhoa—. Y el tiro no ha estado nada mal... Tendrías que plantearte seriamente entrar en mi equipo de baloncesto.

—No, gracias, ya sabes que lo mío es la música...

—¡Y se te da genial! —dijo Andrea—. Dentro de poco harás la prueba para entrar en el Conservatorio Profesional, ¿verdad?

—Sí —asintió Ariann—. ¡Y tengo que estar muy en forma!

—Oye, ¿y no será que al profe de lengua le pagan más dinero por cada alumno suspendido? —continuó Ainhoa—. ¡Yo creo que ha hecho un examen superdifícil aposta para suspendernos!

—A mí no me ha parecido tan difícil... —dijo Andrea con su voz dulce.

—Porque a ti se te dan bien los estudios... ¡YA NOS CONTARÁS EL SECRETO! —comentó Ainhoa tirándole de la coleta en plan cariñoso.

—Bueno, supongo que como me encanta leer... —respondió Andrea encogiéndose de hombros.

—¡Eh, vosotras!

En un rincón, justo antes de las escaleras, había un grupo de chicas mayores que las miraban.

—**Sois las tres A, ¿verdad?** —preguntó la más alta, que llevaba unas trenzas estilo boxeadora hasta la cintura y era una de las más populares.

—**¡Sí! ¡Las tres A, presentes!** —respondió Andrea con una sonrisa de orgullo.

Ainhoa se puso colorada, pero también se acercó.

—Oye, Ariann, te daré un consejo —dijo la líder del grupo—: **Pasa de estas dos.**

Ariann y Andrea pusieron cara de sorpresa. Ainhoa abrió mucho los ojos y luego clavó la vista en el suelo. Se retorció un mechón de pelo, que era lo que hacía cuando se ponía nerviosa. Ariann frunció la nariz: ¿a qué venía ese comentario?

—**¿Cómo dices?** —le preguntó Ariann, clavando sus ojos verdes en los de la chica de las trenzas. Tenía que ser una broma... **¡aunque sin ninguna gracia!**

—Digo que tus colegas bailan **de pena** —respondió la líder, y después soltó una carcajada—. Cuando bailas con ellas pierdes nivel.

—Lexa tiene razón —añadió otra —. Tus **musical.lys** molan, Ariann, pero esas dos no están a tu altura. Son bastante penosas, ¿a que sí, colegas?

Todo el grupito se rio y Ariann vio que, detrás de sus gafas rosas, los ojos de Ainhoa se llenaban de lágrimas. 😰

—Perdona, **¿alguien os ha pedido vuestra opinión?** —replicó Andrea, llevándose las manos a la cintura y poniendo cara de enfado.

—Aprende a aceptar las críticas, **niña** —dijo Lexa sacudiendo sus trenzas—. La verdad ofende.

Andrea la fulminó con la mirada. ¡Aquello no acabaría bien!

—Lo que ofende son tus aires de creída, y niña lo serás tú —replicó Andrea mientras las demás se partían de risa.

—**Vámonos** —decidió Ariann, arrastrándola hacia las escaleras —. No vale la pena hacerles caso.

Ariann sabía que las peleas y las discusiones no tenían sentido, y mucho menos con Lexa. De camino a casa, intentó quitarle importancia a lo que había pasado para que Andrea se calmara. Tenía mucho carácter y explotaba con facilidad, pero esta vez estaba enfadada con razón. **¡Esas chicas habían sido unas cretinas!** Mientras Ariann y Andrea hablaban de lo ocurrido, Ainhoa no abrió la boca. Las palabras de Lexa y las demás le habían hecho daño.

Se despidieron con un abrazo delante del parque, como siempre. Allí se separaban para ir cada una hasta su casa.

Cuando la oyó entrar, su padre gritó desde la cocina:

—¡Ariann, spaghetti al pommodoro! ¡Lávate las manos, por favor! ¡Y a la mesa, que se enfría!

Ariann estaba más silenciosa que de costumbre. Y aunque hoy tocaba uno de sus platos preferidos, no tenía ánimos ni para empezar.

—¿Qué te pasa, Ariann? —dijo su madre, que siempre se daba cuenta de todo.

En vez de responder, Ariann siguió removiendo sus espaguetis con salsa de tomate y suspiró.

—Venga, ¡come!, que necesitas energía —dijo su padre animándola.

—Y cuéntanos qué es lo que te preocupa —insistió su madre.

—Es que... **¿por qué hay gente que lo pasa bien metiéndose con los demás?**

—¿Alguien se ha metido contigo en el cole? —preguntó su madre con cara de extrañeza. Normalmente Ariann no tenía problemas, se llevaba bien con todo el mundo y todos la *apreciaban*.

—Bueno, no exactamente... Se han metido con Andrea y Ainhoa. ¿Verdad que bailan bien?

—Claro que sí, cariño. ¡Las tres A sois geniales! —dijo su padre.

—Pues no es lo que piensan las mayores... Lexa incluso me ha dicho que tendría que dejarlas.

—No le hagas caso. ¿Qué sabrá esa Lexa? Ainhoa y Andrea son tus **mejores amigas** desde la guardería, y las coreografías que hacéis son preciosas. Se nota que estáis compenetradas, ¿sabes? —dijo su madre.

—Sí, la verdad es que tenemos muy buen rollo y nos encanta bailar...

—Eso es lo importante, Ariann. Cuando te lo pasas bien haciendo algo, se nota, porque pones el **corazón**. Y sí, hay personas que se sienten más fuertes diciendo cosas feas a los demás, y es una pena. Algún día esa Lexa se dará cuenta de que no hay que tratar así a los demás y cambiará. Estoy segura.

Ariann no lo tenía tan claro, pero confiaba en su madre.

—Venga, acábate eso y después te tomas una fruta, ¿quieres? —dijo su padre—. Recuerda que antes de volver al cole repasaremos el programa de violonchelo con el piano.

Como su padre era pianista de profesión, era su

acompañante en las pruebas para entrar en el Conservatorio Profesional.

Después de comerse una manzana, Ariann se cepilló los dientes y se fue al estudio con su padre. Le **encantaba** tocar el violonchelo, porque el sonido

que producía le parecía maravilloso, pero esa tarde no le salía nada bien. **¡NI AFINAR PODÍA!** No dejaba de pensar en lo que había dicho Lexa, le molestaba que hubiese sido tan dura con sus mejores amigas. Y aunque Andrea se hacía la fuerte y era superdecidida, sabía que le había sentado fatal. Por no hablar de Ainhoa, que era tímida y un poco insegura. **¡Casi la habían hecho llorar!**

Se levantó, cogió su móvil y se tumbó en la cama. Era su refugio. Rodeada de todos sus peluches de unicornio, se sentía protegida. Los miró uno por uno y dio unas palmadas en el colchón.

—**¡Ven, *Lola*!**

Su perrita se subió de un brinco y le dio un lametón en la barbilla.

—Vamos a demostrarle a Lexa y a las demás que están equivocadas, ¿vale?

Lola movió su cabecita como si la entendiera y se acomodó entre sus piernas.

Ariann abrió el WhatsApp y buscó el grupo de Primavera Naranhi que tenía con sus amigas.

Ariann:
¿Quedamos esta tarde después de clase?

Andrea:
OK! 👍

Ainhoa:
¡Claro! Cuando salga de baloncesto voy directa a tu casa.

Ariann:
¡Vale, pero dúchate! 🙂

Ainhoa:
¿Cuál es el plan?

Ariann:
¡Colgar musical.lys superchulos! Todos los que podamos.

Andrea:
¡Me apunto!

Ariann:
Con unas coreos increíbles 😎

Ainhoa:
OK!!!!

Ainhoa:
¡Perfecto! 🙂

Andrea:
¡Lexa se va a enterar! XDXDXD

Ariann:
Nuestro objetivo: 10.000 corazones.
¿Os parece?

Ainhoa:
👏👏👏

Andrea:
Oleeee 💃

Ariann:
Hasta luego
😘😘😘

CAPÍTULO 2

¡Vaya día!

—¡Has tardado un siglo! ¡Que luego Ariann tiene que irse a clase de baile!

—Bueno, alguien me pidió que me duchara antes de venir —se justificó Ainhoa sacudiéndose el pelo todavía húmedo—. Y hoy hemos sudado como nunca. ¡Nuestra entrenadora cree que vamos a jugar en el mundial!

—Pues hueles a **vainilla** —dijo Andrea.

—¿Te has echado colonia? —preguntó Ariann sorprendida, porque Ainhoa nunca se perfumaba.

—Han sido unas compañeras del equipo, para hacerse las graciosas. **¿Todavía huele?** —preguntó Ainhoa olisqueándose a sí misma.

—Un poco..., pero **¡me encanta!** —dijo Ariann—. ¿Qué, preparamos el baile?

—Hemos pensado que podríamos hacerlo delante de la ventana —explicó Andrea.

La habitación de Ariann era alegre y colorida, y las cortinas de un tono **violeta**, más intenso en la parte de arriba y más claro en la de abajo.

—¿A que parece que me esté iluminando un foco? —preguntó Ariann colocándose justo delante de la ventana.

La luz del sol entraba por el vidrio y producía un efecto precioso al filtrarse por la delicada tela de las cortinas.

—**¡De lujo!** —exclamó Ainhoa.

—¡Y tenemos la canción perfecta! 👌 —añadió Andrea.

Decidieron las transiciones que quedarían mejor y, aunque al principio todo iba bien, cuando comenzaron a grabar **la cosa se complicó** 😣. La primera vez Ainhoa no estaba satisfecha con la cara que había puesto Andrea. Luego a Andrea le pareció que Ainhoa había levantado más un brazo que el otro.

—Además, fíjate: aquí casi tropiezas con la silla;

pero, bueno, ya sabemos que eres un POCO PATOSA —le dijo Andrea.

—No hace falta que me lo recuerdes a cada rato, ¿vale? —respondió Ainhoa dolida.

Grabaron una toma, y otra, y otra. Y tras cada intentona, examinaban el resultado **con ojo crítico**.

—¡Uy, no! Mira aquí, Andrea, no te ha salido bien —dijo Ariann.

Volvieron a grabar y a comprobar el resultado.

—Creo que quedaría mejor si hiciéramos el gesto de **corazón** todas a la vez —propuso Andrea.

—Pero si la canción dice «quiero, quiero, quiero», tenemos que hacer el gesto de corazón así: primero tú, luego Ainhoa y después yo —explicó Ariann—. Al ritmo de la música.

—¡Qué va! —protestó Andrea—. Queda ridículo.

—¿Te das cuenta de que todo lo que digo te parece mal? —le respondió Ariann—. No haces más que llevarme la contraria...

—No te llevo la contraria, solo digo lo que pienso —replicó Andrea de mala manera.

No había forma de que se pusieran de acuerdo.

Aunque ninguna de las tres quería admitirlo, el comentario de Lexa y sus amigas las había dividido.

—¡Ya lo tengo! —exclamó Ariann—. Podemos hacer un paso superchulo que me enseñó mi profe de baile de competición. Hombro derecho, hombro izquierdo, codo derecho, codo izquierdo, con el puño delante de la cara, así, y giro de cabeza. ¿Lo tenéis?

—Pues yo prefería la coreo de antes —se quejó Ainhoa.

Grabaron incorporando el nuevo paso, pero cada vez disfrutaban menos y el resultado no les gustaba.

—Hay que repetirlo —dijo Ariann después de mirar el último vídeo.

—**¡Lo hemos hecho diez veces!** —exclamó Andrea—. Esto es más aburrido que la clase de mates, ¡en serio! ¿Tú qué piensas, Ainhoa?

Esta se retorció el pelo. Sus amigas sabían perfectamente lo que significaba.

—Chicas, lo único que queremos es que quede lo mejor posible, ¿verdad? —dijo **intentando poner paz** y retorciendo con más fuerza el mechón.

—Para ya, que al final te arrancarás la melena, Ainhoa —dijo Andrea—. Ariann, ¿has sacado a pa-

sear a *Lola*? Parece que tiene ganas de hacer pipí.

—Pues claro que la he sacado —respondió Ariann mirando a *Lola*, que rascaba la puerta con su patita—. ¡*Lola*, ven!

Pero no venía. Había una ENERGÍA ESPECIALMENTE NEGATIVA y ella era una perrita muy sensible. No soportaba la tensión, y en aquel momento las tres A estaban muy pero que muy tensas.

—¡*Lolita*, ven aquí! —volvió a llamarla Ariann, sentándose en la cama.

¿Por qué discutían tanto? Habían grabado muchísimos musical.lys y nunca les había pasado algo así... *Lola* se subió de un brinco en su regazo y le dio un lametón. Pero un segundo después **SALIÓ COMO UNA FLECHA** hacia la puerta y empezó a ladrar.

—¿Nos estarán espiando tus padres? —preguntó Andrea frunciendo la nariz.

—Imposible, siempre llaman antes de entrar..., así no me dan sustos —respondió Ariann.

Al instante la puerta se entreabrió y apareció una señora a la que ninguna de las tres había visto jamás.

—¡Hola! —dijo esta.

Tenía el pelo muy largo, de color **amarillo pajizo**, recogido en una gruesa trenza que le llegaba hasta la cintura. Llevaba un vestido **verde esmeralda** con un montón de espejitos cosidos a la cintura, y en los brazos pulseras de muchos colores que tintineaban.

Las tres chicas se quedaron sin palabras.

—Ariann, soy la tía Ana.

—¿La tía Ana de Australia? —preguntó ella al cabo de unos segundos.

Sabía que tenía una tía en la otra punta del mundo a la que solo la había visto una vez, cuando era

casi un bebé. Sus padres le habían dicho que pronto vendría de visita y se quedaría un fin de semana con ella para que pudieran conocerse un poco mejor. La madre de Ariann adoraba a la tía Ana y estaba segura de que harían buenas migas, y ellos aprovecharían para hacer una escapada de fin de semana.

—Tus padres querían llamarte para que salieras y pudieran presentarme, pero he preferido venir yo. Soy la que viene de fuera, así que lo más justo es que sea yo la que me presente, ¿no? —dijo mientras *Lola* jugueteaba con los bajos de su vestido—. Entiendo que pongas esa cara, ¡la última vez que nos vimos eras tan pequeña como una muñequita! Es imposible que te acuerdes de mí, ¿verdad?

Ariann se levantó para saludarla.

—Pues no, no me acuerdo... Hola, tía Ana —dijo, y le dio dos besos—.

¿Es este fin de semana que me quedo contigo?

Aprovechó para coger a *Lola* en brazos y llevársela con ella a la cama.

—Ajá —respondió la mujer con una sonrisa—. Estoy segura de que lo pasaremos muy bien. Por cierto, no he podido evitar oíros discutir y me gustaría deciros una cosa: **a veces, la verdadera amistad necesita tomar distancia para ver las cosas a vista de pájaro**.

Las tres A estaban un poco incómodas. No sabían muy bien cómo reaccionar ante aquella señora que no conocían de nada, con su vestido de mil reflejos, lleno de espejitos, y que les hablaba de ese modo.

—Bueno, me voy con tus padres —dijo la tía Ana guiñándoles un ojo 😉, y desapareció.

—¿En serio es tu tía? —preguntó Andrea.

—Es una prima lejana de mi madre —respondió Ariann.

—Habla UN POCO RARO, ¿no? —dijo Ainhoa.

—Y viste UN POCO RARO, ¿no? —añadió Andrea.

Aunque no le apetecía nada pasar el fin de semana con ella, Ariann se vio obligada a defenderla. Al fin y al cabo era su tía...

—Cada uno viste como quiere.

—Sí, sí, claro —dijo rápidamente Andrea.

—Pero no he entendido lo que ha dicho —afirmó Ainhoa—. ¿Qué era eso de la vista de los pájaros?

—No sé, parecía un poco antigua... Quizá prefiera la naturaleza a los musical.lys —apuntó Andrea—. Seguro que no le gustan.

—¿Colgamos el que hemos hecho? Tengo clase de baile en media hora —dijo Ariann mirando su reloj.

Normalmente, la clase de baile la relajaba muchísimo. **Pero hoy no daba una.**

La discusión con sus mejores amigas le había dejado un sabor agridulce, y le costaba concentrarse. Por si fuera poco, al terminar la clase su profesora le dijo que quería hablar con ella. ¿Acaso no había tenido bastante con recordarle todo el rato que no tenía la cabeza donde debía?

¿¿¿Qué más querría decirle???

Salió del vestuario con su bolsa a la espalda. Fuera lo que fuese, enseguida lo sabría.

—**Ariann** —empezó su maestra **muy seria**—. He visto una cosa que no me ha gustado, y quiero que lo sepas.

—Ya, hoy no he estado nada bien, lo sé.

—Todos podemos tener un mal día. Lo que no me ha gustado es que has colgado un **musical.ly** con un paso de la coreografía que estamos trabajando. Eso no está bien, Ariann, por lo menos tendrías que haberme pedido permiso, ¿entiendes? A mí o a la escuela. Y no lo digo por decir, sabes que en este mundo hay mucha competitividad, y las coreos que presentamos a las competiciones están muy trabajadas. Intentamos ser lo más originales que podemos, y eso supone mucho trabajo. Debes respetar ese esfuerzo, ¿comprendes?

NO QUIERO QUE SE REPITA, POR FAVOR.

Ariann asintió, encajó el golpe y contestó con humildad.

—Lo siento, profe, es verdad, no lo había pensado. Lo hice sin mala intención y, como me salió tan bien y estaba tan emocionada, lo colgué.

Se sentía fatal. «**¡Qué desastre de día!**», pensó. Aunque al menos era viernes... Solo quería volver a casa y tumbarse en la cama con sus peluches y con *Lola*.

—Ariann, cariño —le dijo su madre al recogerla—, mete la bolsa detrás. Por cierto, recuerda que papá y yo nos iremos mañana a primera hora y volveremos el domingo después de comer, ¿de acuerdo? No sabes la ilusión que nos hace irnos de fin de semana, hace tanto que no salimos solos... La tía Ana te gustará, es una mujer muy especial, ya la irás conociendo.

¡QUÉ HORROR!

Toda la semana esperando el finde para ver a sus amigos, y ahora tendría que quedarse con aquella tía Ana tan rara. Además, se sentía fatal por haberse peleado con sus amigas. De repente, se le ocurrió una forma de arreglarlo todo:

—Mamá —dijo—, ¿podrían venir a dormir Andrea y Ainhoa? Nos portaremos **superbien** con la tía Ana, de verdad, y podré hacer cosas con mis amigas además de estar con ella. ¿Qué te parece?

La madre de Ariann la miró y sonrió.

—Está bien, pero con la condición de que vengan el sábado por la tarde. Así tendrás casi un día entero para conocer a la tía. Y siempre y cuando los padres de Andrea y Ainhoa estén de acuerdo, claro. Estoy segura de que a la tía Ana no le importará. **¡Es un encanto, ya lo verás!**

CAPÍTULO 3

Los unicornios perdidos

—Ya está —dijo cuando terminó de recoger la mesa.

Su tía se había pasado el sábado leyendo un libro gordísimo, y aunque habían conversado a ratos sobre Australia, los koalas y los canguros, a Ariann no le había parecido que fuese tan especial como decía su madre. Estaba claro que no entraba en sus planes salir a patinar o dar una vuelta...

¡Qué aburrida!

Suerte que Andrea y Ainhoa iban a venir, de lo contrario el fin de semana habría sido un rollo.

—**¡Al menos te tengo a ti!** —le dijo a *Lola* mientras se lavaba los dientes.

Consultó el reloj. Los padres de Ainhoa iban a traerlas después de cenar.

Se sentó en su cama a esperar, rodeada de sus **queridos peluches de unicornios**. Los coleccionaba desde pequeña, y recordaba perfectamente quién y cuándo se los había regalado. Algunos los había comprado ella misma con sus ahorros, porque desde chiquitita le encantaban.

Para ella, los unicornios eran la unión de *la fantasía y la realidad*. ¿Por qué todo el mundo se empeñaba en decir que eran una invención? ¿Acaso se había demostrado científicamente que no existían, o que no habían existido? Si algo había aprendido en el colegio era que los seres humanos se habían pasado siglos creyendo cosas que luego se había demostrado que no eran así. Que la Tierra era plana, por ejemplo, o que el sol giraba alrededor de nuestro planeta.

¡Los unicornios existen, claro!

—dijo en voz alta.

Cada uno de ellos representaba una virtud. Nunca olvidaría el orden en que habían ido llegando a su habitación. El primero fue *Amigo*; el segundo, *Bondadoso*, y el tercero, *Fantasioso*. Un tiempo después le regalaron a *Generoso* y a *Humilde*, y luego vinieron *Maduro*, *Respetuoso*, *Valiente* y *Virtuoso*.

¡Los quería tanto...!

Cuando sonó el timbre, Ariann salió como una flecha a abrir la puerta. Saludó al padre de Andrea y lo dejó charlando con la tía Ana.

Las tres A dieron las buenas noches y se encerraron en el cuarto de Ariann. Estaban un poco serias por la discusión, pero no dijeron nada del tema.

—¿Os apetece que miremos vídeos musicales? —propuso Ariann.

—Vale —respondió Ainhoa.

—Perfecto —dijo Andrea.

Ariann fue a su escritorio, abrió el segundo cajón y sacó **su libretita de tapas color violeta** y un bolígrafo plateado.

—Es mi nueva libretita de ideas para *musis* —explicó.

Les encantaba inspirarse viendo vídeos, porque se les ocurrían un montón de pasos para sus bailes. Pasaron un buen rato anotando ideas, con *Lola* a su lado, hasta que Ainhoa dijo:

—Bueno, basta de vídeos, ¿no?

¡No puedo más!

—¿Queréis que os enseñe una cosa? —dijo Ariann levantándose—. El otro día hice unos dibujos de unicornios para pintarlos en una camiseta. Los tengo por aquí, mirad. **Quedaron chulísimos**, ¿verdad? ¿Queréis dibujar uno?

—Bueno, ya sabéis que dibujar no es lo mío... —dijo Ainhoa rascándose la cabeza con el bolígrafo, que se le enredó en el pelo. Intentó sacarlo, pero lo enmarañó aún más.

—Pues la peluquería tampoco... **¿Has visto qué pelos llevas?** —comentó Andrea, señalando la cabeza de Ainhoa.

—Uy, es verdad... Parece que tengas una oreja ahí arriba —dijo Ariann.

—Conque el estilismo no es mi fuerte, ¿eh? Pues **¡mira lo que se me da bien!** —respondió Ainhoa.

Agarró el cojín y se lo tiró a Andrea, que le respondió lanzándole lo primero que encontró.

—¡Cuidado con mis unicornios! —exclamó Ariann, agarrando su peluche en pleno vuelo.

—Vale, pues si no puedo coger un unicornio..., ¡me vengaré con un pijama! —dijo Andrea, y tiró a la cabeza de Ainhoa su pijama, que le quedó de sombrero.

—¡Ahora al menos no se te ve el pelo! —rio Andrea.

—**¡¡¡Al ataque!!!** —gritó Ainhoa riendo, y se tiró encima de su amiga para despeinarla.

Ariann sonrió. Aunque no hubieran comentado

nada de la discusión por el **musical.ly**, seguían teniendo buen rollo. **¡Qué bien!**

—Estas luchas son agotadoras —dijo Ainhoa bostezando—. Venga, ríndete.

—De rendirme nada —replicó Andrea—, pero acepto el empate. La verdad es que tengo un poquito de sueño...

—Y yo... ¿Qué, me ayudáis a sacar la cama nido? —preguntó Ariann.

Entre las tres lo prepararon todo, se pusieron los pijamas y se acomodaron en las dos camas.

—**Buenas noches** —dijeron las tres A cuando Ariann apagó la luz.

A medianoche, la despertó una sensación extraña. No sabría decir exactamente qué ocurría, pero **ALGO NO IBA BIEN**. ¿Qué podría ser? Sus ojos, poco a poco, se fueron acostumbrando a la penumbra, y entonces...

—¡Ay, no! **¿Dónde están los unicornios?** —preguntó.

Ariann saltó de la cama y los buscó, sin éxito.

—¿Qué pasa? —preguntó Ainhoa medio dormida.

—Tengo que encontrar los unicornios... **¡han desaparecido!**

—¿No estarán aquí debajo? —sugirió Ainhoa, mirando bajo la cama—. No hay nada...

Con gran alegría, Ariann descubrió que había dos medio escondidos entre los almohadones. ¡*Humilde* y *Generoso*! Los abrazó y los llenó de besos.

Con el alboroto, Andrea también se despertó.

—¿Qué hacéis? —preguntó—. ¡Me habéis despertado!

—**Han desparecido los unicornios de Ariann** —dijo Ainhoa.

—Solo he encontrado dos... —añadió esta—. ¿Dónde estarán los demás?

Se sentó en la cama, desanimada. *Lola* subió con ella y empezó a lamerle el brazo. Ariann la acarició, sin muchas ganas. Suspiró y se dio cuenta de que la perrita la miraba con mucha insistencia.

¿Acaso quería decirle algo?

—*Lola,* ¿tú sabes qué ha pasado con los unicornios? —le preguntó.

Esta, de un salto, fue directa a la alfombra que había enfrente de la puerta. Empezó a dar vueltas y más vueltas, como un remolino, meneando el rabito. Paró un momento, miró a Ariann con las orejas levantadas y luego, de nuevo, **gira que te gira**.

—¡Qué mona! ¡Parece un ventilador! 😊 —dijo Ainhoa.

—*¡Lola!* ¿Qué haces? No te entiendo —dijo Ariann.

La pequeña chihuahua se detuvo y la miró con las orejitas tiesas. Pero Ariann no estaba para juegos.

—Vamos a buscar los unicornios —propuso Andrea—.

Así no hay quien duerma.

Se levantaron y salieron de la habitación, seguidas por la perrita.

Descalzas, recorrieron toda la casa **buscando los peluches**. Abrieron armarios, miraron en lo alto de las estanterías y rebuscaron en la cocina, en el baño y en el recibidor. Revisaron la habitación de los padres de Ariann: debajo de la cama, en la cómoda, en el vestidor, detrás de las cortinas... **Pero los unicornios no aparecían.**

—¿No los habrá escondido tu tía? —sugirió Ainhoa.

—Puede que no le gusten ni los **musical.lys** ni los peluches —dijo Andrea.

—Es verdad... —admitió Ariann—. El único sitio donde no hemos mirado es el cuarto de invitados.

Ariann abrió la puerta con suavidad y las tres A entraron de puntillas y echaron un vistazo rápido.

Ariann miró en el armario, pero estaba lleno de sábanas, colchas, libros, partituras de música... Ni rastro de sus unicornios.

Se agachó. Debajo de la cama donde dormía la tía Ana había una gran bolsa de viaje. Sigilosa como un gato, tiró de ella para arrastrarla y la abrió. Ropa de colores, un banjo y tres libros. Volvió a dejarla donde estaba. Sobre la mesilla de noche se encontraba el neceser de la tía Ana, pero ahí no hacía falta mirar, porque no cabrían los unicornios.

Salieron del cuarto y cerraron la puerta.

—La única explicación posible es que los haya tirado —susurró Andrea bostezando.

Pero tendría que odiarlos mucho, ¿no?

—respondió Ainhoa, y Andrea se encogió de hombros.

—Sería muy **injusto** que hubiese tirado mis unicornios... —se lamentó Ariann.

—Chicas, yo me voy a dormir —dijo Andrea—. Mañana le preguntamos a ella y misterio resuelto.

—Yo también tengo mucho sueño, el partido me ha dejado **K.O.** —añadió Ainhoa, y siguió a Andrea hacia la habitación.

Ariann miró atrás para comprobar que la puerta del cuarto de invitados estuviera bien cerrada. **Un destello atrajo su atención.** ¿De dónde venía esa luz? Como si respondiera a su pregunta, el resplandor apareció de nuevo. Salía del gran bolso verde que había sobre una silla.

Ariann volvió a entrar en la habitación de invitados. Abrió el bolso y **el brillo se intensificó**. Metió la mano y apartó las cosas hasta dar con el objeto que lo emitía.

—**¡HALA!** —se le escapó.

De inmediato se llevó la mano a la boca y miró a su tía, que seguía durmiendo plácidamente. Con la otra mano sacó del bolso una piedra extraña y curiosa.

La observó con atención. Tenía forma de huevo y no pesaba nada en absoluto. Todos los colores del arcoíris brillaban en ella, alternándose y emitiendo una luz fosforescente que no podía dejar de mirar.

¡Era preciosa!

Era la piedra más bella que había visto en su vida. Y tan suave... Emanaba una dulzura contagiosa: sentía que un calor muy agradable recorría su brazo, alternado con escalofríos.

¡QUERÍA ESA PIEDRA!

Se sentía atrapada por su poder..., como un imán..., especial..., increíble..., única.

Pensó en quedársela. Pero, a la vez, sabía perfectamente que no estaría bien. La piedra era de la tía Ana, y ella no tenía derecho a quitársela. Volvió a dejarla en su sitio. En ese instante se acordó de sus unicornios perdidos y **se sintió muy triste**.

Regresó a su habitación, seguida de *Lola*, y se metió en la cama. Rompió a llorar 😭, intentando no hacer ruido para no despertar a sus amigas, que ya estaban dormidas. Los lametones de su perrita no consiguieron detener sus lágrimas.

Al final, después de un buen rato sollozando y con la cara mojada, cayó en un sueño profundo igual que una roca cae al fondo del mar.

LOVE
LOVE
LOVE

CAPÍTULO 4

¡Es increíble!

¿Qué luz era esa?

Ariann pensó que estaba soñando y se giró hacia la pared. Pero aquella extraña claridad seguía en su habitación, iluminándolo todo de una forma que nunca había visto.

Los siete colores la envolvían.

¿Sería acaso la piedra en forma de huevo de la tía Ana, que se había colado en su sueño?

¡La había impresionado de verdad!

Pero se dio cuenta de que sus pensamientos eran muy claros y de que era completamente consciente de lo que pasaba. No era un sueño. Así que abrió los ojos y se incorporó.

Entre las cortinas medio separadas de su ventana entraba un haz de luz. Pero no era una luz cualquiera... ¡era un arcoíris! Con sus franjas de color rojo, naranja, amarillo, verde, añil, azul y violeta.

Ariann se quedó boquiabierta, sin pestañear, sentada en su cama. Era un arcoíris mágico que parecía dibujar una doble hélice, como el ADN, con curvas perfectas. Sus colores brillaban con una luminosidad suave pero a la vez muy potente. Siguió un buen rato sin levantarse, porque temía que el menor movimiento hiciera desaparecer aquella fantástica visión.

—**¡HALA!** —exclamó maravillada—. **¡Es lo más bonito que he visto en mi vida!**

Ainhoa se despertó y, al ver aquel espectáculo, abrió los ojos como platos. Andrea seguía dormida como un tronco.

—Pero... ¿qué es esto? —preguntó Ainhoa, totalmente descolocada.

Lola parecía no fiarse del todo de aquellas cintas luminosas. Avanzó muy despacio por la cama, desde los pies, donde dormía hecha una bolita, hasta el regazo de Ariann. La perrita era prudente, y su intuición canina le decía que ese fenómeno no era normal. Tendría que conocerlo un poco más para acostumbrarse a él.

—Necesito verlo de cerca —dijo Ariann levantándose.

—¿Estás segura? —preguntó Ainhoa—. Podría ser peligroso...

—No creo —respondió Ariann, avanzando hacia el arcoíris con *Lola* en brazos.

Aquella luz le provocaba una **sensación extraña**, pero sobre todo sentía paz. *Lola* estiró su cabecita y sacó la lengua como si quisiera probar a qué sabía el arcoíris.

—¡*Lola*, no puedes lamer la luz! —se rio Ariann.

—¿A qué viene tanto ruido? —preguntó Andrea sin abrir los ojos, revolviéndose en la cama—.

Menuda nochecita...

—Míralo tú misma... —respondió Ariann—. ¡Yo no sé cómo explicártelo!

Lola comenzó a revolverse en brazos de su dueña. Quería saltar y campar a sus anchas. Ya no tenía ningún miedo.

—**Esto es... increíble** —dijo Andrea tras frotarse los ojos.

La espiral luminosa se hizo más intensa. Ariann siguió su recorrido con la vista una vez más. ¡Era imposible dejar de contemplar aquello! Al hacerlo, se dio cuenta de que el arcoíris terminaba justo en

su alfombra, llenándola de luz y haciéndola brillar como si tuviese mil chispas diminutas. ¡Exactamente en el mismo lugar donde *Lola* había estado girando sin parar! **TENÍA QUE SER UNA SEÑAL...**

Soltó a *Lola*, y la chihuahua se fue como una flecha hasta la alfombra. Se revolcó dentro de aquella luz de colores y luego, con una de sus patitas, levantó la punta de la alfombra y metió su cabeza debajo.

—¡Qué mona! —dijo Ariann sonriendo—. Querrá investigar si el arcoíris sigue debajo de la alfombra.

—Qué graciosa es tu perrita... —dijo Andrea.

Sus sonrisas desaparecieron al ver que *Lola*, como por arte de magia, se esfumó.

—**¿Qué?** —exclamó Ariann—. **¡LOLA!**

—¿Dónde se ha metido? —preguntó Andrea.

Las tres A habían visto lo mismo:

¡¡¡Lola ya no estaba!!!

Ariann agarró con la mano derecha la de Ainhoa, y con la izquierda la de Andrea. Así, agarradas, fueron al lugar exacto en el que la perrita había desaparecido. Andrea apartó la alfombra con la punta del pie, y vieron un agujero por donde entraba el arcoíris. A Ariann le pareció oír un ruido de cristales chocando, pero no le dio importancia. ¡Tenía que encontrar a *Lola*!

—Ariann..., ¿esto es normal? —preguntó Ainhoa, agarrando con fuerza la mano de su amiga.

—No —respondió ella moviendo la cabeza—. **NUNCA HABÍA VISTO ESTE AGUJERO...**

—Pues pequeño, lo que se dice pequeño, no es... —opinó Andrea—. ¡Como para no verlo!

—¡Es que antes no estaba, creedme! —exclamó Ariann un poco nerviosa.

—Pues por allí se habrá marchado *Lola*, no hay otra explicación —dijo Andrea—. Tenemos que mirar.

—¿Mirar? —preguntó Ainhoa—. Yo paso.

—Pues ya miro yo —dijo Ariann, y soltó la mano de su amiga

—**¡No me sueltes!** —exclamó Ainhoa, agarrando de nuevo a Ariann.

—Pues miremos las tres juntas —propuso Andrea—. Nos arrodillamos y echamos un ojo.

Ariann asomó un poco la cabeza por el agujero para ver si había algún rastro de su perrita. Enseguida la envolvió una niebla espesa con **olor a fresas** que le nubló la vista.

Con sus mejores amigas a su lado, sintió cómo caía. **¡FIUUUUUU!**

¡Era como resbalar por un tobogán dando vueltas sin parar!

Un rato después, el viaje terminó y las tres A aterrizaron con suavidad sobre una superficie mullida. A su alrededor volvió a aparecer la niebla con olor a fresa, que poco a poco se fue esfumando.

Ariann, sentada en el suelo, iba recuperándose de la impresión de la bajada, esperando a que la niebla se desvaneciera del todo para ver dónde estaba.

Y lo que vio la dejó perpleja.

Se palpó la cabeza buscando un chichón: ¿se habría dado un golpe en el tobogán? Se frotó los ojos:

¿tal vez el arcoíris la había deslumbrado?

Porque lo que veía no era precisamente «normal»...

—**¡El césped es de color azul!** —dijo admirada.

Sí, era una hierba suave, fresca, agradable..., pero azul.

—*¡Qué gusto!* —exclamó Ariann, sintiendo un maravilloso cosquilleo en la planta de sus pies.

—Es como caminar sobre algodón... —observó Andrea—. Algodón azul...

—**Qué extraño...** —murmuró Ainhoa, mientras buscaba sus gafas.

Dejándose llevar por unas tremendas ganas de bailar, Ariann alzó las manos y dio unos giros con los brazos extendidos. Con los ojos cerrados, hizo dos piruetas, una rueda y volvió a girar. Andrea se apuntó al baile, se agarraron de la mano y comenzaron a dar vueltas. **Con una gran sonrisa de felicidad**, Ariann levantó la cara al cielo y entonces...

—¡Hala! **¡El cielo es rosa!** —gritó.

—Esto no puede ser... —dijo Ainhoa—. ¿Dónde están mis gafas? Ah, qué suerte, aquí están... —Se las puso y miró a su alrededor con atención.

—¡Mirad, el césped cambia de color! —exclamó Andrea.

En la distancia, no muy lejos, el césped dejaba de ser azul claro y se volvía más oscuro.

—**¡Son los colores del arcoíris!** —dijeron las tres a la vez.

—Esto es imposible..., no puede estar pasando, por supuesto que no —murmuró Ainhoa, limpiando con la camiseta los cristales de sus gafas rosas—. Ahora me despertaré en casa de Ariann y desayunaré un zumo lleno de vitaminas y el cielo será azul y el césped verde...

—Estamos en un lugar maravilloso, Ainhoa —le dijo Ariann—. Tanto que parece un sueño, pero no lo es. Creo que ya sé lo que pasa:

hemos viajado por el interior de un arcoíris y hemos llegado a Unicornium.

¡Es magia!

—La magia no existe, Ariann —replicó Ainhoa—. Esto tiene que ser un sueño.

Pero ella estaba segura de que no lo era. Desde pequeña, jugaba a imaginarse una tierra fantástica donde los unicornios vivían en libertad. ¡Y era exactamente así!

¡Tenía que ser Unicornium!

De repente, oyeron un ladrido familiar.

—*¡Lolita!* —exclamó Ariann—. ¿Dónde estabas? Me tenías preocupada...

La niña se arrodilló, *Lola* saltó y se fundieron en un abrazo.

La levantó en brazos y giró con ella, y vieron un

poco más allá una cascada en la que el agua caía mezclada con pequeñas estrellas plateadas.

—¡Bienvenidas a Unicornium! —dijo entonces una voz en la cabeza de Ariann.

—¿Cómo? —preguntó ella, girándose para ver de dónde venía aquella voz desconocida que le infundía paz y confianza.

—¿Habéis oído lo mismo que yo? 😮 —exclamó Andrea.

—¡Estamos aquí arriba! —dijo la voz.

Las tres A miraron hacia el cielo y vieron, recortados contra el fondo rosa, dos impresionantes unicornios alados. Uno de ellos era blanco como la nieve, el otro tenía el pelaje gris moteado. Por un segundo, la visión la dejó sin palabras... Cuando los unicornios descendieron hasta quedar a su lado, Ariann fue la primera en recuperar el habla.

¡Era lo que siempre había soñado!

—exclamó —. Hola, soy Ariann.

Acarició el hocico del unicornio blanco, y aquel fantástico ser se arrodilló, invitándola a subirse en su lomo. Ariann cogió a *Lola* y juntas montaron en el unicornio. Luego se giró hacia sus amigas, que estaban paralizadas por la impresión.

—Y estas son Andrea y Ainhoa —las presentó.

Las dos niñas se acercaron al unicornio alado.

—No entiendo cómo podemos oírlo si no abre la boca... —dijo Ainhoa.

—Debe de ser el idioma de Unicornium... —le contestó Andrea.

—Exacto —respondió la voz en sus cabezas—. Encantado de conoceros. Soy Albus, el unicornio de la luz, y él es Líberus. Y sí, oís mi voz dentro de vosotras porque así es el lenguaje unimano: funciona por **telepatía** entre los unicornios y los humanos. Pronto os acostumbraréis.

¿Listas para volar?

Subid en nuestras grupas que hay sitio para todas.

—**¡Arre, unicornio!** —dijo Ariann cuando sus amigas hubieron montado en Líberus.

Y despegaron. Vieron la Cascada de las Mil Estrellas Saltarinas, el Prado del Arcoíris y los Campos de Flores Refulgentes, que se encendían y apagaban formando los más hermosos dibujos. Sobrevolaron las Cuevas Unicornianas, unas construcciones que serpenteaban al lado de una montaña, llenas de ventanas **de mil colores**.

Albus explicaba lo que iban viendo, pero no hablaba demasiado para que pudieran gozar de la experiencia. Ariann se sentía tan feliz a lomos del unicornio que se puso a cantar una canción:

Qué bonito es levantarme en la mañana
y mirar por mi ventana
y escuchar el sonido de un gorrión.
Qué bonito ver que papá y mamá se aman.
El poder tocar el agua
y del cielo azul ver su color.

Qué bonito es cantarle a mis amigos,
es la fuerza del destino
lo que a mí me hace aprender.
¡Cantar me sienta bien!

Qué bueno es, qué bueno es, qué bueno es,
qué bueno es, qué bueno, qué bueno es
sentirse bien.
Qué bueno es, qué bueno es, qué bueno es,
qué bueno es, qué bueno, qué bueno es
sentirse bien.

Qué bonito es levantarme en la mañana
y sentir que mi alma gana
cuando yo pienso en papá Dios.
Qué bonito es el sol, el monte y la playa.
Donde quiera que tú vayas,
siempre lleva mi canción.

Qué bonito es cantarle a mis amigos,
y tenerlos a mi lado es lo que me hace crecer.
¡Cantar me sienta bien!

Qué bueno es, qué bueno es, qué bueno es,
qué bueno es, qué bueno, qué bueno es
sentirse bien.
Qué bueno es, qué bueno es, qué bueno es,
qué bueno es, qué bueno, qué bueno es
sentirse bien.

Qué bueno... ver que mi papá y mi mamá se quieren mucho.
Qué bueno es... qué bueno es...
Qué bueno es... sentirse bien.

¡Sentirse biennnn...!

¡Hala, mirad!

—exclamó Andrea, señalando con el dedo un punto en aquel mágico cielo rosa que estaba lleno de objetos.

—¡Hay montones de instrumentos musicales!

—¡Están flotando!

—Es el Mar de los Instrumentos —les dijo Albus.

Ariann, que adoraba la música, sintió que el corazón le crecía en el pecho al volar entre arpas, violines, violonchelos, pianos, flautas, oboes, timbales, triángulos, platillos, guitarras, banjos y todos los instrumentos posibles. Al pasar cerca de un violonchelo, los ojos de Ariann se detuvieron en él y sonrió con cariño...

... y el violonchelo comenzó a sonar, llenándolo todo con su exquisito sonido.

¡Unicornium era increíble!

CAPÍTULO 5

Una casa llena de magia

Después de surcar los cielos rosados, Albus se dio cuenta de que las tres niñas estaban muy cansadas. Seguido de Líberus, bajó hasta las Cuevas Unicornianas y se posó suavemente en el centro de una gran plaza que había frente al hogar de los unicornios.

Justo en aquel momento, el cielo comenzó a cambiar de color. El **rosa intenso** se fue convirtiendo en **violeta claro** hasta transformarse en un fondo **morado oscuro** donde titilaban millones de lucecitas.

—¡Es precioso! —dijo Ariann al descender del lomo de Albus, que se había arrodillado para facilitarle la tarea.

—Así que en *Unicornium* también hay noche... —comentó Andrea.

—Y muchísimos unicornios —añadió Ainhoa, mirando hacia las Cuevas Unicornianas.

—**¡Qué bonitos son!** —exclamó Ariann.

Tras las ventanas de colores asomaban las dulces caras de los unicornios. No había dos iguales, pero todos emanaban la misma paz.

Algunos salieron a recibirlas y, por turnos, las saludaron.

—**Sed bienvenidas a Unicornium** —dijo una unicornio amarilla cuyas crines parecían seda dorada.

Ariann supo que era ella quien les hablaba porque sus ojos CENTELLEABAN de un modo especial mientras se comunicaba en unimano.

—Nos alegramos de teneros entre nosotros —dijo un unicornio de color marrón clarito—. Hacía tiempo que no teníamos visita.

Albus les fue presentando a todos sus compañeros: Baltus, que era **azul como el agua**, y Veridus, de un **verde manzana**. Había un unicornio **violeta**, otro **rosa**, otro **azul noche**... Uno por uno, se fueron

acercando a las niñas. Ariann y Andrea acariciaban sus suaves cabelleras y sus delicados morros, pero Ainhoa se mantenía a una distancia prudencial.

—Gracias a todos —dijo Ariann—. Unicornium es maravilloso. ¡Es todo tan bonito...! 😍

Lola ladró, queriendo dar a entender que estaba de acuerdo.

A Andrea se le escapó un bostezo.

—Tenemos un poco de sueño... —se justificó—. No estamos acostumbradas a viajar por arcoíris, ¡no es algo que se haga todos los días, vaya!

—Yo todavía no me lo creo... —murmuró Ainhoa.

—En nuestra casa de invitados podréis recuperar fuerzas —dijo Albus—. Seguidme, os acompañaré.

Albus y Líberus las llevaron por un camino que conducía a una casita a orillas de un río.

A medida que se acercaban, Ariann vio que era una casa muy curiosa, con forma de pentágono. La puerta era una estrella dorada, las ventanas tenían la misma forma y el techo estaba hecho con plumas brillantes y nacaradas. Por la chimenea, en forma de espiral, salían **estrellitas de todos los colores**. Estas reían, y Ariann identificó al instante aquella risa cantarina, que recordaba un poco al sonido del

agua y también al de las copas de cristal entrechocando.

—¡Es el sonido que oí al apartar la alfombra de mi habitación! —exclamó.

—Es el sonido de la magia —le explicó Albus—. Siempre que lo escuches, significará que está a punto de pasarte algo muy especial.

—Entonces seguro que la casa de invitados está llena de un montón de cosas mágicas..., ¿verdad?

Albus sonrió y, cuando llegaron delante de la puerta, con un elegante gesto de su cabeza la invitó a tocarla. Ariann estiró el brazo y rozó la puerta con la punta de dos dedos. Al hacerlo, la puerta desapareció.

—Adelante —dijo Albus—. Ya podéis entrar. Avisadnos si necesitáis cualquier cosa, nosotros también vamos a descansar un rato.

—¡Halaaaaaa! —exclamó Ariann cuando estuvo dentro—. Pero... ¿dónde estamos? —se preguntó.

La casa era aún más increíble por dentro que por fuera. Las tres A, que se habían quedado paralizadas al entrar, avanzaron unos pasos para descubrir todos los detalles. Había decenas de flores de **distintos tonos** de violeta y azul volando por la habitación.

—Hay que reconocer que la decoración es muy bonita... —dijo Ainhoa.

—¿Bonita? ¡Es preciosa! —la corrigió Andrea.

—Mmm..., huelen a caramelo —dijo Ariann acercándose a los delicados pétalos de una de las flores flotantes.

Después sopló suavemente para comprobar si se movía y, para su sorpresa, la flor se iluminó. La estancia se llenó de una **preciosa luz azulada**.

—¡Es una lámpara! —exclamó.

Volvió a soplar y la flor se apagó.

—¡Y cada una de un color distinto!

Las tres A corrieron de una flor a otra, apagándolas y encendiéndolas a su antojo y cambiando así los colores de la estancia.

—¡Qué divertido! —gritó Ainhoa.

—Es mejor que un partido de baloncesto, ¿eh? 😀 —le dijo Andrea entre risas.

—¡Más o menos! —replicó Ainhoa, riendo y soplando una flor muy pequeñita con forma de campanilla.

La flor flotó hasta una puertecita en forma de estrella que quedaba a la izquierda de la de entrada. Ainhoa se acercó y comprobó que por los bordes salía un agradable aroma que no conocía.

—Chicas…, venid —dijo Ainhoa—. ¿Oléis lo mismo que yo?

—Mmm…, huele bien, como a flores o plantas, ¿no? —respondió Andrea.

—Sí…, o como a la hierba después de llover… —añadió Ariann.

—¿Qué habrá? —preguntó Ainhoa.

—Solo hay una forma de saberlo —sentenció Ariann.

Tocó la puerta y esta desapareció, dando paso al cuarto de baño más bonito que nunca nadie hubiese podido imaginar.

—¡Oooh! —exclamaron las tres A.

Las paredes y el techo estaban cubiertos de piedrecitas de colores que formaban un gran arcoíris, y daba la sensación de que se encontraban en el interior de uno.

En el suelo, de un azul transparente, había nubecitas blandísimas que marcaban el camino hacia la ducha y el lavamanos. En un rincón había una pequeña selva muy frondosa que iba del suelo al techo, una especie de cilindro de plantas verde esmeralda. La selva se movía muy suavemente, como si la meciera una brisa delicada. Pero, al mirar con atención, era evidente que los movimientos seguían unas secuencias y un ritmo, como pasos de baile.

—Parece que esas plantas estén bailando... —murmuró Andrea impresionada.

—Pues es un baile precioso... —dijo Ainhoa.

—¡Hagámoslo! —exclamó Ariann.

Y las tres A improvisaron una coreografía imitando los movimientos de las plantas: brazo derecho arriba, cadera izquierda fuera, brazo izquierdo arriba, cadera derecha fuera, brazos juntos arriba y luego, separándose como una flor que se abre...

—¡Qué bien ha quedado! —dijo Andrea—. Si aquí hubiera internet, tendríamos que colgarlo ya.

—No creo que haya internet... —respondió Ariann, caminando de nube en nube— .

¡Pero hay magia!

Qué suaves son estas nubes..., ¡es casi como estar volando!

Llegó al lavamanos y vio unas piedras rosas en forma de huevo de avestruz. Acercó las manos a una de ellas y un agua cristalina empezó a manar.

—¡Qué grifo tan original! —dijo—. ¿Dónde estará el jabón?

—¿Aquí? —preguntó Andrea, señalando una concha dorada que contenía un montón de estrellas de colores, cada una del tamaño de una moneda.

Cogió una estrella verde y, al hacerlo, se le llenó la mano de espuma de ese mismo color. Un intenso aroma subió hasta su nariz.

—**¡Huele a manzana!** —comentó Andrea.

Se divirtieron probando todos los jabones: el rosa olía a chicle; el lila, a lavanda; el blanco, a nata; el amarillo, a trigo...

Las tres A salieron del baño con las manos limpísimas y se giraron a la vez para ver cómo la puerta volvía a aparecer por arte de magia.

—**¡Qué casa tan chula!** —dijo Andrea.

—Sí, este lugar es maravilloso... —añadió Ariann.

—No sé cómo es posible todo esto, pero es alucinante... —dijo Ainhoa con un bostezo.

—¡Mirad qué cama tan curiosa! —observó Ariann—. Pero solo hay una, y somos tres.

Al decirlo, dos camas más se materializaron.

—**¡Hala!** —exclamó Ariann, acercándose más a la que tenía delante—. **Es... ¡es una nube!**

Se tiró encima de un salto y la nube se puso a flotar, despegándose del suelo y meciéndose suavemente. Andrea y Ainhoa la imitaron.

¡Es alucinante!

Lola ladró desde abajo, y Ariann pensó que tendría que acercarse a ella para que su perrita pudiera subirse. En ese mismo instante, la cama nube descendió hasta quedar lo suficientemente cerca de la chihuahua. Ariann la cogió y estuvieron un rato danzando de acá para allá sobre la cama nube, pues la niña había comprendido que podía conducirla a su voluntad con el pensamiento.

Se acercaron a las flores luz y cambiaron la iluminación, se balancearon como si estuvieran en un columpio y finalmente volvieron junto a la ventana con forma de estrella, donde las camas se quedaron flotando a un metro del suelo para que pudieran contemplar el paisaje nocturno de Unicornium.

Cuando iban a cerrar los ojos, las chicas se dieron cuenta de que sus estómagos hacían demasiado ruido. **¡Claro, era muy tarde y no habían comido nada!**

Albus recibió su mensaje, e inmediatamente apareció ante cada una de ellas una pequeña tabla suspendida en el aire. Había un plato con sopa calentita, una cuchara dorada y una servilleta.

—¡Mmm, qué bien huele esta sopa! —dijo Andrea.

—¿Y para *Lola*? —pensó Ariann en voz alta.

Al instante, un cuenco volador lleno de mini croquetas de perro apareció delante de *Lola*, que se puso a comer.

—¿Qué, sigues creyendo que la magia no existe? —preguntó Ariann a Ainhoa, que devoraba su cena.

—Tendré que aceptar que existe... —contestó con una sonrisa—. ¡Y que prepara una sopa riquísima!

Cuando terminaron de cenar, se tumbaron en sus camas nube y se quedaron dormidas en el acto. ¡Cuántas emociones!

CAPÍTULO 6

La sabiduría de Acana

—Buenos días, Ariann.

La voz de Albus hizo que regresara a la realidad.

—¡Qué bien he dormido! —dijo—. La cama nube es supercómoda, Albus.

—Venid a desayunar a la plaza que hay delante de las cuevas —propuso el unicornio de la luz—. Encontraréis ropa limpia en el armario del baño.

—De acuerdo —dijo Ariann.

Miró hacia las camas de sus amigas, que dormían profundamente.

—¡Chicas! ¡Pellizcadme! ¡No ha sido un sueño!

Las otras dos se despertaron de golpe.

—¡Es verdad! Seguimos en Unicornium... —dijo Ainhoa.

—Seguimos en esta casa..., ¡qué pasada! —añadió Andrea.

—Albus me ha dicho que en el baño hay un armario con ropa —dijo Ariann al saltar de la cama nube—. ¿Vosotras lo visteis?

—No..., pero vamos a mirar, ¡a mí me encanta la ropa! —exclamó Andrea.

—¿No me digas? ¡Qué novedad! 😆 —dijo Ainhoa riendo.

Las tres juntas tocaron la puerta en forma de estrella, que desapareció de inmediato. Miraron por todos lados, sin ver el armario.

—**¿Dónde está?** —preguntó Ariann.

Justo entonces, el cilindro de plantas verde esmeralda del rincón se abrió por la mitad, como el telón de un teatro, y dejó ver su interior.

—¡Hala! —exclamó Ariann.

—¡Es ideal! —añadió Andrea.

Las tres A no podían creer lo que veían. Un montón de ropa colgada de perchas flotadoras iba girando dentro del armario. Camisetas, pantalones cortos y largos, vestidos, petos, faldas, zapatillas deportivas, chaquetas, bolsos, mochilas... Ariann alargó el brazo cuando vio una camiseta blanca con

una franja horizontal que reproducía los siete colores del arcoíris. Sin que llegara a tocarla, saltó del armario directa a sus brazos.

—**¡Qué pasada!** —exclamó riendo.

—¡Date prisa, que yo también quiero elegir! —la apremió Andrea.

Las prendas seguían girando ante sus ojos, y Ariann escogió también unos vaqueros claritos y unas zapatillas. En el último momento, cogió también una mochila plateada para llevar a *Lola*.

—¡Me toca! —dijo Andrea, y se colocó delante del armario.

Las prendas giraron y giraron, y Andrea eligió una faldita amarilla, una camiseta gris con corazones blancos y unas zapatillas deportivas amarillas.

—Ahora es tu turno, Ainhoa. **¡Esto es genial!** —dijo Andrea mientras se vestía.

La niña se puso delante del armario. La ropa giraba, giraba, giraba..., y Ainhoa no se decidía.

—Espabílate, a ver si se va a cansar... —le aconsejó Ariann.

—**Mmm... ¡ya lo tengo!** —dijo finalmente Ainhoa, señalando unos vaqueros desgastados y una camiseta a rayas rojas y blancas, los colores de su equipo de baloncesto.

—Y esas zapatillas deportivas me irán de lujo.

El armario se cerró y volvió a ser una pequeña selva vertical.

—Y ahora, ¡a desayunar! —exclamó Ariann.

Lola ya tenía su desayuno preparado y no se lo pensó dos veces.

—¡Qué ropa tan chula! —dijo Andrea, mientras se contemplaba con atención en el espejo— ¡Me encanta mi *look Unicornium*!

—Este armario es superpráctico, porque todo queda ordenado —observó Ainhoa—. Me iría bien uno igual para ahorrarme sermones de mis padres.

—Sí, ¡es fantástico! Es lo que más me gusta de Unicornium —afirmó Andrea.

—**¿Más que los unicornios?** —preguntó Ariann—. No me lo puedo creer... Pero, bueno, ¡ya sabemos que te mueres por la moda! 😉

Salieron de la casa y Ainhoa se puso a correr y saltar.

—**¡Es como si mis pies tuvieran alas!** ¡Estas zapatillas me irían superbien para jugar al baloncesto! —gritó Ainhoa—. Ojalá las pueda usar el sábado... Porque para entonces estaremos en casa, ¿no? —preguntó—. ¡No puedo perderme el partido contra las Sabinas, es la revancha!

—Seguro que sí... —respondió Ariann—. Luego les preguntaremos a los unicornios cómo podemos volver. Ellos sabrán cómo hacer que aparezca un **arcoíris** que nos lleve a casa.

—Eso, tú ahora no te preocupes por tus partidos y

disfruta, Ainhoa. Mírame y alucina con mi *look*, ¡estoy genial! ¿En serio no hay por aquí un móvil mágico? —dijo Andrea riendo y alargando los brazos con las palmas hacia arriba—. ¡Venga, que caiga uno, que me quiero grabar!

—**¡Mira que eres payasa!** —le dijo Ariann.

Caminaron entre risas hasta la plaza, donde los unicornios las saludaron con su calidez habitual. Estaban sentados en círculo, y las tres A se unieron a ellos.

—*Buenos días* —dijo Líberus.

—Espero que hayáis dormido bien —deseó el unicornio violeta.

—Sí, gracias, hemos estado muy a gusto —respondió Ariann.

—La cama es comodísima, y el armario nos ha encantado —añadió Andrea haciendo un giro para mostrar lo contenta que estaba con su ropa—. ¿Por casualidad no tendréis un móvil?

Los unicornios negaron con sus grandes cabezas.

—Pues, entonces, **a desayunar** —propuso Ainhoa—. ¡Estoy hambrienta!

—Albus, ¿tú sabes cómo podemos regresar a nuestro mundo? —preguntó Ariann al cabo de un rato.

—¿Es que no estáis bien aquí, Ariann? —le dijo el unicornio de la luz.

—¡Sí! Este sitio es alucinante..., pero ¡también nos gusta nuestra vida real!

—**Veréis, es muy difícil entrar en Unicornium.** Solo las personas que de verdad creen en nosotros pueden llegar hasta aquí. Tú crees en nosotros... y arrastraste contigo a tus amigas —explicó Albus—. Pero no basta con creer. Hay que ser **VALIENTE**, estar dispuesto a cruzar el límite de lo conocido sin saber muy bien adónde se va. Y también tener un **corazón puro**.

—Y si es difícil entrar, **es igual de complicado salir** —añadió la unicornio dorada—. Nosotros no sabemos cómo podríais marcharos de aquí...

—Hace años que no recibimos visitas —comentó el unicornio rosa—, **YA CASI NADIE CREE EN LA MAGIA...** Y nos gusta vuestra compañía.

—*Quedaos, por favor.* En Unicornium cada día es una nueva aventura —dijo el unicornio de color azul, Baltus.

—Os llevaremos a todos los rincones de nuestra tierra, como el Bosque Susurrante.

Ariann sonrió. 😊 Los unicornios hablaban con tanta dulzura...

Por un lado, la idea de quedarse la tentaba, porque Unicornium había llegado al fondo de su corazón. **Los unicornios, la música, la magia... Los colores del arcoíris por todas partes y la bondad de aquellos seres mágicos que siempre había soñado conocer.**

Pero, por otro lado, sabía que no sería feliz sin sus padres.

Su familia... ¡cuánto la quería!

Ariann se acordó de sus abuelos. Sin darse cuenta, se puso a cantar la canción **Yo quiero un mundo contigo**, que dedicó a su *Yeyo*, y pensó: «Tú sabrías qué hacer... Siempre tienes las palabras justas, siempre, porque sabes tantas cosas, has vivido tanto...».

Siempre tienes tiempo para mí
y no me pides nada a cambio.
Me das tu amor y esperas con anhelo mi llegada.

En tu mirada puedo saber si estás triste o feliz,
algo que te delata, tu paso por la vida son tus arrugas.

Y háblame y háblame de tu niñez.
Y háblame y háblame de mi niñez.
Son nuestros mayores.

Toma una flor, regálame un beso.
Toma mi abrazo, dame un consejo.
Quiero cantarte al oído y que bailemos.
Pero no te olvides... yo quiero un mundo contigo.
Toma una flor, regálame un beso.
Toma mi abrazo, dame un consejo.
Quiero cantarte al oído y que bailemos.
Pero no te olvides... yo quiero un mundo contigo.

Cuando te busco, siempre te encuentro.
Nunca me fallas, siempre te tengo.
Cuando te busco, nunca estás lejos.
Me acercaré y conversaremos.

Y háblame y háblame de tu niñez.
Y háblame de mi niñez.
Son nuestros abuelos.

Toma una flor, regálame un beso.
Toma mi abrazo, dame un consejo.
Quiero cantarte al oído y que bailemos.
Y que no se te olvide, yo quiero un mundo contigo.
Toma una flor, regálame un beso.
Toma mi abrazo, dame un consejo.
Quiero cantarte al oído y que bailemos.
Y que no se te olvide, yo quiero un mundo contigo.

Yo quiero un mundo, yo quiero un mundo contigo.
Yo quiero un mundo... contigo.

Los unicornios se dejaron llevar por la música y, cuando Ariann terminó, algunos tenían lágrimas en los ojos. Todos comprendían que las chicas no podían quedarse y les sugirieron que consultaran sus dudas con el más anciano y sabio de ellos.

—¿Podéis decirme quién es, por favor? —preguntó Ariann.

—Acana es la mayor —respondió el unicornio verde.

—Albus, Líberus, ¿nos llevaríais a verla?

—Claro que sí —respondieron, y las invitaron a subir a sus lomos.

Ariann cogió a *Lola*, las tres A se despidieron y montaron en los unicornios. Volaron por el cielo rosa y disfrutaron una vez más del paisaje multicolor de Unicornium.

Albus y Líberus aterrizaron a los pies de **un árbol gigantesco**. Su tronco era tan grueso como una torre, y sus ramas parecían una escalera. Cada rama

tenía el tamaño de un árbol. Acana estaba en la cima, desde donde se divisaba todo Unicornium. El conjunto era imponente y las chicas estaban impresionadas. 😮

Ariann avanzó en dirección al árbol. Andrea y Ainhoa se quedaron donde estaban, incapaces de dar un paso más.

—**Es el árbol más grande que he visto en mi vida...** —susurró Andrea—. Todos los alumnos del colegio cabrían dentro de este tronco..., o tal vez los alumnos de dos colegios...

—**Chis** —murmuró Ainhoa—. Creo que no es momento para cálculos, Andrea.

Sintieron una leve corriente de aire y, en un instante, la anciana unicornio había bajado de la copa del árbol hasta una de las ramas más bajas.

¡Qué rápida era!

Las tres amigas levantaron la cabeza y miraron a Acana a los ojos.

—**Sé para qué habéis venido** —dijo una voz grave y llena de serenidad.

«Claro, los ancianos lo saben todo», pensó Ariann.

—Así es, pequeña —respondió en unimano la anciana.

—¡Hala! Me has oído…

—Sí. Así funciona el idioma unimano: aunque parezca que solo interviene la **mente**, también funciona a través del **corazón**. Por eso solo pueden hablarlo seres puros, sin maldad, que no tengan nada que ocultar a los demás.

Ariann se sintió feliz.

—Hablar el unimano es un honor, Acana —dijo.

La anciana asintió con la cabeza, y durante unos instantes sus ojos se perdieron en la lejanía de Unicornium, en dirección a un bosque espeso formado

por miles de árboles de color naranja: *el Bosque Susurrante*.

Ariann se fijó en que Acana llevaba un collar hecho con unas piedras en forma de huevo con los colores del **arcoíris**, sorprendentemente parecidas a la que tenía su tía Ana en el bolso. Pero estaba tan nerviosa con la posibilidad de descubrir cómo regresar a su casa que se olvidó de aquel detalle cuando la voz de Acana sonó en su cabeza:

—**Siento en vuestros corazones el deseo sincero de regresar a vuestro mundo** —dijo Acana mirándolas con sus ojos color **avellana**, grandes y llenos de sabiduría.

—Sí —respondió Ariann.

Acana se quedó pensativa.

—Existe la posibilidad de volver, pero para que os podáis ir **deberéis superar dos pruebas**. Son muy difíciles. **¿Estáis dispuestas a intentarlo?**

—¡Sí, claro! ¿Qué pruebas son? —preguntó Ariann con voz temblorosa.

—Solo puedo deciros la primera —explicó la anciana—: resolver el mensaje cifrado de la puerta de la *Gruta Pasadera*.

CAPÍTULO 7

¡Atenta a las señales!

—El mensaje cifrado de la puerta de la Gruta Pasadera... —repitió Ariann para sí misma.

—Es el punto exacto donde podéis regresar a vuestro mundo desde Unicornium —explicó Acana—. El único punto, de hecho. Uno de los lugares más antiguos de nuestra tierra... En la Gruta Pasadera *la magia es muy intensa*, allí puede pasar cualquier cosa. Así que te recomiendo que seas prudente, Ariann, aunque sé que lo eres.

Lola, nerviosa, se apretó contra sus pies. Andrea y Ainhoa estaban calladas, impresionadas por la serenidad de la anciana unicornio.

—Y ¿cómo llegaremos hasta la Gruta Pasadera? —preguntó Ariann.

—Albus y Líberus os acompañarán —respondió Acana—. Y recuerda..., **¡siempre, siempre, atenta a las señales!**

Acana le dedicó una mirada profunda que le transmitía **fuerza** y **confianza**, y Ariann sintió que había tenido mucha suerte al conocer a un ser mágico tan maduro y sabio.

—¿Subís? —dijo una voz.

Albus y Líberus se habían acercado sin que Ariann se diera cuenta, pues estaba sumida en sus pensamientos. Los unicornios esperaban pacientemente, arrodillados. Ariann metió a *Lola* en su mochila, las tres amigas montaron sobre ellos y se despidieron de Acana.

—**¡Arre, unicornio!** —dijo Ariann, dándole una palmada cariñosa a Albus en el cuello.

Volaron un buen rato en silencio, acompañados de otros unicornios. Pasaron cerca del *Bosque Susurrante*, del que emanaban murmullos indescifrables. Ariann sintió muchas ganas de bajar y perderse entre la frondosidad anaranjada.

—Qué bonito es... —comentó.

—Sí, es tan hipnótico como el fuego..., o incluso más, porque el Bosque Susurrante siempre tiene

algo que decir —le explicó Líberus—. Guarda un mensaje para todos los seres del mundo, pero, una vez entras, corres el riesgo de perderte. Es espeso, los árboles están muy juntos y cambian de sitio cuando les apetece, caminando sobre sus raíces... Es difícil encontrar la salida.

A Ariann no le apetecía nada perderse, y menos en aquellos momentos. El Bosque Susurrante era muy hermoso, y sentía una gran curiosidad por escuchar el mensaje que guardaba para ella, pero ahora tenía que concentrarse en su misión: **superar la primera prueba... y descubrir cuál era la segunda**.

Siguieron volando hasta pasar por encima de las Cuevas Unicornianas, y las tres A disfrutaron del alegre colorido de sus ventanas.

Sobrevolaron la montaña que protegía las cuevas. Era tan grande que tardaron mucho rato en llegar al otro lado, y Ariann descubrió que Albus, Líberus y los demás no solo eran **nobles**, sino también **fuertes**. Volaban y volaban sin quejarse ni una sola vez, sin que ninguno de ellos pidiera hacer una pausa para beber. Y lo hacían por acompañarlas, para que pudieran regresar a su casa, a pesar de que deseaban que se quedasen con ellos. Ariann sintió una **inmensa gratitud** para con aquellos seres tan generosos.

Sin apenas darse cuenta, llegaron a la Gruta Pasadera. La entrada brillaba con la fuerza de un sol y Ariann sintió la potencia de la magia en su cuerpo.

A medida que se acercaban, la puerta en forma de estrella se iba haciendo más y más grande. Las tres A se agarraban con fuerza al unicornio, sin decir nada.

—A la Gruta Pasadera también la llaman «la fuente», porque es el origen de la magia —dijo Líberus en unimano, casi en un susurro.

—**¡Mirad!** En la puerta hay algo escrito... —dijo Andrea.

—¿Son letras? —preguntó Ainhoa ajustándose las gafas rosas.

El mensaje cifrado era muy extraño, y Ariann se desanimó.

—Parecen letras y símbolos, o tal vez números... —intuyó—.

¡Ojalá sepamos interpretarlo bien!

Al aterrizar, las patas de los unicornios apenas hicieron ruido y sus alas se plegaron suavemente. No se oía ni un murmullo.

Albus y Líberus se arrodillaron para que bajaran y los demás unicornios también se inclinaron en señal de respeto. Ariann comprendió que era un lugar muy especial para ellos.

Miró hacia arriba. La puerta era grandiosa, y su **luz tan fuerte** que la deslumbraba, hasta le dolían los ojos al mirarla. Sobre las dos puntas superiores de la estrella se distinguían unas palabras grabadas en la piedra, **incomprensibles**.

Lola estaba silenciosa y pegada a sus pies. Ainhoa se retorcía un mechón de pelo y Andrea también estaba nerviosa, porque sus manos no paraban de moverse, como si hiciera **musical.lys** constantemente. Ariann intentó mantenerse serena, pero a prime-

ra vista ya se había dado cuenta de que no entendía el mensaje. Estaba borroso, y además no reconocía el idioma y ni siquiera las letras le resultaban familiares.

—Ariann, ¿tú entiendes algo? —preguntó Ainhoa.

Es muy difícil...

—contestó Ariann a media voz.

—¿Quieres decir que no lo conseguiremos? —se preocupó Andrea, sentándose en el suelo.

Ainhoa se sentó con ella y le pasó un brazo por el hombro. Ella también estaba llena de dudas: ¿qué significaban aquellos símbolos? ¿Y si no llegaba a traducir el mensaje porque estaba escrito en un idioma mágico?

—Venga, chicas, ¡un poco de ánimo! Estamos juntas, ¿no?

¡Lo conseguiremos!

—exclamó.

Cogió a *Lola* en brazos, volvió a mirar el mensaje y se concentró, pero no entendía nada. 😰 Sin poder evitarlo, se le escapó una lágrima y se alejó unos pasos. ¡Tenía que mantener la calma!

—No llores, Ariann —dijo una dulce voz rompiendo el silencio.

Era un unicornio muy pequeño, **de color miel** y con las alas suaves como terciopelo, que se le acercaba mirándola con sus grandes ojos verdes llenos de ternura.

—¿Quién eres tú, precioso? —le preguntó Ariann limpiándose las lágrimas.

—Soy Fisquitus —dijo él con una sonrisa.

Frotó su cuernito mágico contra ella, y Ariann le devolvió la caricia, agradecida.

En cuanto Ariann tocó su cuerno, la Gruta Pasadera desapareció, Albus, Líberus y los demás unicornios se esfumaron, la estrella gigante y el mensaje se volatilizaron y sus mejores amigas también. Ariann y *Lola* estaban en otro lugar.

Era el escenario de un viejo teatro, hecho de madera y completamente cubierto de flores. El suelo, el techo, las sillas, el telón..., todo estaba lleno de flores de todos los colores imaginables. Ariann oía trinar unos pájaros y el sonido de un arroyo invisible.

En medio del escenario había un precioso violonchelo color azul, muy antiguo, muy brillante y al que le faltaba una cuerda. Ariann se acercó. Puso sus manos en el instrumento y de repente la música

empezó a sonar. Qué hermoso... «¡La música también es magia!», pensó Ariann.

Y mientras disfrutaba de la melodía del violonchelo en aquel escenario increíble, una idea se fue abriendo paso en su cabeza: la *magia* está en todas partes..., la *magia* está en nosotros... Y Ariann comprendió que la mente también es *magia*.

Cerró los ojos y se dejó llevar por la música.

CAPÍTULO 8

Creer es poder

—Entonces, hay una cosa que las personas olvidamos... Cuando la gente dice **«querer es poder»**, también debería decir **«creer es poder»** —pensó en voz alta Ariann.

Miró a su alrededor e inspiró profundamente, aspirando la fragancia de cientos de flores desconocidas.

—Acana tenía razón... En la entrada de la Gruta Pasadera puede ocurrir cualquier cosa..., ¡y yo he tenido la suerte de llegar a este precioso lugar!

Sentía una gran paz en su interior, la misma que transmitían los ojos de aquellos seres a los que amaba desde que era una niña: **los unicornios**.

Ariann paseó la mirada por todos los rincones de aquel extraordinario teatro. Los pétalos de las flores tenían formas de lo más variadas. Disfrutó de sus colores, que nunca antes había visto, y se empapó del **verde intenso** y fresco que la rodeaba. Las plantas se mezclaban formando una especie de tejido vivo, y cada vez que los ojos de Ariann se posaban en una de ellas, parecían devolverle el saludo con una leve inclinación y un suave movimiento de sus hojas.

Sintió que era la chica más afortunada del mundo. Tenía unas ganas tremendas de reír, y lo hizo. Pero había algo más burbujeando en su interior..., ¡también tenía muchísimas ganas de cantar!

Quería celebrar el poder de la magia, de la mente y de la música. Pero ¿cuál era esa canción? Una voz grave sonó en su cabeza:

—Hola, Ariann. Permíteme que me presente: soy el unicornio Lupius, el músico encargado de componer las canciones de Unicornium. Déjate llevar por tus sentimientos y canta, yo te ayudaré a que salgan las palabras que hay en tu **corazón**.

Lupius la saludó desde un rincón del escenario. Era muy diferente a todos los demás: de color **violeta intenso** y con un cuerno **negro brillante** que atravesaba una especie de gorra con visera como las que usan los humanos.

Sonriendo, Ariann comenzó a cantar una canción sobre los siete colores mágicos del **arcoíris** y todo lo que estaba descubriendo en la tierra de los unicornios. Las frases parecían salir solas de su boca, pero Ariann sabía que contaba con la ayuda del unicornio Lupius. Era una canción preciosa y, como no podía ser de otra forma, estaba llena de *magia*.

Cuanto más quieres ver,
menos encontrarás.
No le temas al miedo
ni a la oscuridad,
la verdad es como el aire:
no la puedes tocar.
Solo debes sentir
dónde quieres llegar, ¡eh!

Siete colores,
siete vidas,
solo ven conmigo,
yo seré tu guía.
Todos con las manos unidas
viendo amanecer...
Ieee, ieee.

Unicornios de color
que hacen un mundo mejor.
Ellos pueden alegrarte el día,
en este mundo no hay dolor,
Libera el corazón.

Todos cantando esta melodía,
el poder de una canción
que te llena de alegría.
El poder de una canción que te cambiará la vida.
La ilusión te llevará lejos (lejos),

no te busques mirando al espejo.
El poder de una canción
que te cambiará la vida.

Todo es amor,
solo tienes que buscarlo, ven a celebrarlo
a mi mundo de color.
Esta fiesta no ha acabado
y estás invitado.
Sigue tu destino,
síguelo hoy.

Si me necesitas, grita al cielo y voy.
Yo te llevo de la mano hablando en unimano.
Somos hermanos
en Unicornium.
Aquí me siento feliz,
quiero que tú te sientas así,
en Unicornium la magia es así.

Todos cantando esta melodía,
el poder de una canción
que te llena de alegría.
El poder de una canción que te cambiará la vida.
La ilusión te llevará lejos (lejos),
no te busques mirando al espejo.
El poder de una canción
que te cambiará la vida.

Al terminar, una energía increíblemente positiva recorría su cuerpo, vibrante como las cuerdas del violonchelo.

—Puedo hacerlo —afirmó—. Soy capaz de enfrentarme a mis miedos y resolver el mensaje.

Ariann sentía que podía regresar ante la Gruta Pasadera de la misma forma que había salido de ella: tocando el cuerno mágico de Fisquitus. Al pensar en él, el unicornio llegó paseando de entre las flores y subió los escalones del escenario.

—¡Hala, qué bonito! 😍 —exclamó.

Sobre el lomo de Fisquitus, un enjambre de pequeños pájaros multicolores parecidos a los colibríes revoloteaba alegremente. ¡Qué bien lo pasaban! Piaban y se perseguían unos a otros, formando una hermosa coreografía. Ariann se acercó y los observó unos instantes. El pajarillo más pequeño, que no sería mayor que un dado, salió volando del grupo, metió su pico en una de las flores, voló un poco aquí y allí y después volvió con los demás, piando para hacerse un hueco. Ariann recordó que su Yeyo le había contado que los pájaros son el símbolo de la **libertad**, y le pareció que entendía perfectamente por qué.

Puso la mano en el cuerno de Fisquitus y, **¡zas!**, en un abrir y cerrar de ojos estuvo ante la puerta de la Gruta Pasadera, donde los unicornios esperaban tumbados en el suelo, relajados. Un pequeño arcoíris había aparecido cerca, y el cielo rosa de Unicornium estaba lleno de nubes.

Andrea y Ainhoa seguían sentadas en el suelo, abrazadas. **¡No se habían dado cuenta de nada!**

—¡Chicas, lo conseguiremos! —les aseguró—. Nadie cree en los unicornios, y yo sabía que existían. Siempre creí en ellos, y ahora estamos en su tierra y hemos volado con ellos. Si os lo hubieran dicho hace dos días, ¿os lo habríais creído?

—No —admitió Ainhoa.

—¿Qué quieres decir? —preguntó Andrea.

—Pues que tenemos que creer en la magia, y en nosotras mismas. ¡Igual que yo he creído siempre en los unicornios!

—Tienes razón. ¡Conseguiremos descifrar este mensaje! —dijo Ainhoa, que se levantó y tiró de Andrea para que se pusiera de pie.

—Sí, ¡somos las tres A! —añadió Andrea, colocándose bien la falda—. Y con este *look* no me pega nada estar triste, chicas.

Ariann se concentró, y las palabras de Acana se repitieron en su cabeza: **«Siempre atenta a las señales...»**.

—Necesito verlo bien —dijo.

Se colocó en el único lugar desde donde se podía leer el mensaje completo, justo dentro del arcoíris que estaba a pocos metros de ella. Contempló el mensaje. Eran ocho palabras, pero aunque ahora veía bien las letras, estas se mezclaban con dibujos, impidiendo leerlas enteras. El primer dibujo era un pájaro, y Ariann pensó: **libertad**. Probó a sustituir el pájaro por una **L**, y entonces la primera palabra se convirtió en «Los».

—¡Tiene sentido! —dijo animada.

Siguió probando, cambiando los dibujos por la primera letra de lo que su corazón le decía que significaban.

—Cambiamos el unicornio por una *M* de *magia*..., el sol por una **C** de **calor**..., ¿lo entendéis?

—¡La nota musical por una M de música! —exclamó Ainhoa.

—¡Y el corazón por una **A** de **amor**! —dijo Andrea.

—El anciano por una **S** de **sabiduría**... —siguió Ariann.

Y fueron descifrando juntas todos los símbolos.

—**«Los mejores sueños se cumplen con pasos pequeños»** —leyó Ariann al final.

Inconscientemente, dio un pequeño paso adelante y sin darse cuenta pisó una estrellita dorada que había en el suelo, que activó la apertura de la puerta. La gigantesca estrella se convirtió en polvo dorado y la gruta quedó abierta.

—¡Claro que sí! Los pasos pequeños significan la **humildad**... ¡Esa era la señal, dar un paso pequeño y conseguir tus objetivos trabajando día a día, como sucede con la música o con la danza!

—¡O con el baloncesto! —añadió Ainhoa, que corrió a abrazar a Ariann y tropezó con una piedra.

—**¡Ups!** —exclamó Andrea, que al intentar agarrar a Ainhoa cayó con ella sobre el césped de Unicornium.

—¡Pues resulta que tú también eres un poco patosa! —dijo riendo Ainhoa—. ¡Me estás aplastando, Andrea!

—¡Esperad, que voy! —gritó Ariann riendo, y se tiró sobre sus amigas.

Las tres se abrazaron, llenas de alegría, y después de rodar por el suelo con *Lola* ladrando a su alrededor, se pusieron de pie, dispuestas a entrar en la cueva.

—Listas para continuar la aventura —dijo Ariann, y metió a *Lola* en su mochila.

—Ojalá podamos volver a casa... —deseó Andrea.

—Pues aún nos falta la siguiente prueba y no tenemos ni idea de cuál es... —añadió Ainhoa.

—Seguro que pronto encontraremos algo —dijo Ariann resuelta.

Pequeñas estrellitas doradas brillaban en las paredes, pero el interior de la cueva estaba bastante oscuro. Ariann forzó la vista buscando algo que pudiese darle una pista y llevarla hasta la segunda prueba. Pero lo que vio la dejó de piedra... **¡Una niña sentada en un rincón!**

—Mirad, chicas —susurró.

—Pensaba que no había humanos en Unicornium... —dijo Andrea sorprendida.

La niña era bastante más pequeña que ellas y llevaba el pelo recogido en dos coletas llenas de aba-

lorios de colores que tintineaban cuando se movía. Ariann, Andrea y Ainhoa se acercaron y vieron que sus ojos de color violeta estaban llenos de **LÁGRIMAS**.

Parecía muy asustada. 😰

—Hola, pequeña. ¿Cómo te llamas? —le preguntó Ainhoa.

—ARACELI —respondió la niña con una voz muy fina.

—¿Podemos ayudarte en algo? —le preguntó Ariann, y le tendió la mano para que se levantara del suelo.

—Quiero volver a casa... —dijo ella, y una gruesa lágrima rodó por su mejilla—. Quiero estar con mi mamá y con mi papá...

Ariann no sabía cómo consolarla. Araceli era muy pequeña, y era indudable que necesitaba volver a su casa más que ella misma. Solo podía hacer una cosa...

—Araceli, ven. Salgamos fuera con los unicornios, te sentirás mejor, ya lo verás. Además, ha aparecido un arcoíris precioso... ¿Te apetece verlo?

Llevaron a Araceli de la mano hasta el **arcoíris**. Los ojos de la niña, a la luz, eran de un violeta exactamente igual al que atravesaba el cielo.

—No te preocupes —la tranquilizó Ariann—, te ayudaremos a volver a casa. Tenemos que resolver una prueba, y cuando lo consigamos te cederé mi sitio para que vuelvas con tus padres. Te irás con ellas, ¿vale?

—¿Qué dices? No podemos dejarte aquí... —protestó Andrea.

—Tranquilas, encontraré otra forma de regresar. Id vosotras con Araceli.

—No me parece justo, Ariann —dijo Ainhoa—. Si tú te quedas, nosotras también.

—Sí, que vuelva Araceli —añadió Andrea—. Pero no te dejaremos aquí. ¡Por algo somos las tres A!

Entonces se escuchó el sonido mágico, el que hacían las estrellitas y sonaba a risa cantarina, a medio camino entre el del agua y el de las copas de cristal entrechocando. Se giraron para mirar hacia la Gruta Pasadera, esperando que pasara algo mágico, pero la cueva seguía igual.

Volvieron a mirar a Araceli y... **¡ya no estaba!** ¡En su lugar había un unicornio bebé!

—**Hola, soy Vevus** —dijo, mirándolas con sus enormes ojos violeta—. **Felicidades**, habéis superado la segunda prueba.

PODÉIS REGRESAR A VUESTRO MUNDO.

Ariann, Andrea y Ainhoa acariciaron su cuerno. El arcoíris cambió de forma y se transformó en una doble hélice, y Ariann supo lo que iba a ocurrir. Se despidieron de los unicornios con una sola palabra en unimano:

—Gracias.

Las envolvió la niebla con olor a fresa, Ariann apretó la mochila donde llevaba a *Lola* contra su pecho y sintió que caían todas juntas por un tobogán.

LOVE
LOVE
LOVE
LOVE

CAPÍTULO 9

¡En casa!

El viaje fue tan rápido que las chicas cerraron los ojos por la impresión. Cuando Ariann notó que aterrizaba, cogió aire y entreabrió un ojo.

—**¡Hemos vuelto!** —exclamó llena de alegría.

Las tres estaban en el suelo de su habitación, justo encima de la alfombra donde había comenzado su aventura. *Lola* sacaba la cabeza de la mochila plateada.

—¡Es increíble! —gritó Andrea.

—Pensé que no lo conseguiríamos... —admitió Ainhoa.

Las tres A se abrazaron, y luego Ariann consultó su móvil, que por suerte había dejado cargando, y comprobó que era domingo. Concretamente las dos de la tarde.

—**Qué curioso** —dijo Andrea—. Salimos de aquí el sábado a medianoche y hemos regresado el domingo a la hora de comer. Ha pasado medio día, pero en Unicornium pareció que el tiempo avanzaba más...

—Bueno, *la magia es la magia*, ¿no? —respondió Ainhoa.

—¡Cómo has cambiado! —replicó Andrea riendo—. La que no creía en la magia...

—**¡Mirad, todos los peluches están aquí!** —dijo Ariann al darse cuenta de que sus unicornios se encontraban sobre la cama.

Feliz, los abrazó uno por uno. Ahora los veía de un modo distinto... ¡Era imposible no pensar en los seres fantásticos que habían conocido en Unicornium!

—¿No os parece que **Amigo** se parece a Albus? —comentó—. Y **Bondadoso** es igualito a Veridus...

—¡Y **Valiente** tiene el mismo azul que Baltus! —dijo Andrea.

Así, fueron comprobando que **Fantasioso** les recordaba a Fisquitus; **Humilde** se parecía muchísimo al bebé unicornio, Vevus, con los ojos de color violeta. **Respetuoso** era como la unicornio de color amarillo dorado, y **Maduro** exactamente igual que Acana. Pero lo que más sorprendió a Ariann fue que **Virtuoso** fuera clavadito a Lupius, con aquel cuerno negro brillante, aunque sin gorra. Sus amigas no lo habían conocido... Al recordarlo, pensó que tenía que contarles la experiencia que había vivido

en aquel viejo teatro lleno de flores. ¡Con todo lo que había pasado no había tenido tiempo!

—**Qué hambre...** —dijo Andrea interrumpiendo sus pensamientos—. ¿Vosotras también tenéis ganas de comer?

La chihuahua respondió con un ladrido tan convincente que hizo reír a Ariann.

—¡Está claro que viajar en arcoíris abre el apetito, **hasta *Lola* está hambrienta**! —dijo—. Vamos a ver si está la tía Ana. Ojalá no haya llamado a nuestros padres para decirles que hemos desaparecido...

Pero la mujer no parecía extrañada por la ausencia de las chicas. Estaba terminando de poner la mesa, canturreando. De la cocina llegaba un maravilloso olor a sopa y a pescado al horno.

—¿Os habéis lavado las manos? —les preguntó con una sonrisa—. La comida estará en un periquete.

Ariann abrió mucho los ojos, maravillada por dos cosas: una era el olor de la sopa, que le recordaba muchísimo a la que habían tomado en Unicornium; la otra era la actitud de su tía. **¿Acaso no se había dado cuenta de que habían pasado casi un día fuera de casa?**

—Ahora mismo vamos, tenemos un hambre tremenda —dijo con toda la naturalidad que pudo.

Mientras se enjabonaban, las tres amigas recordaron las piedras rosas y las estrellitas de la casa de invitados de la tierra de los unicornios, y no pudieron evitar reír entre cuchicheos.

¡Menuda aventura habían vivido!

—Tía Ana, ¿te ayudamos? —preguntó Ariann al volver al comedor.

—Sí, por favor. Trae la sopa de la cocina, pero ten cuidado, que quema. Aunque estoy segura de que eres una chica muy sensata.

—No te preocupes —respondió sonrojándose—. Tendré cuidado.

Colocó la sopera sobre el salvamanteles y cuando se sentaron a la mesa preguntó:

—Oye, tía Ana, ¿tú sabes algo de mis unicornios de peluche? Ayer por la noche desaparecieron... ¿Los escondiste para gastarme una broma?

—Pues no, Ariann —respondió—. **¡Puede que hayan desaparecido por arte de magia...!** —añadió con tono de complicidad.

—Ah, pero ¿tú crees en la magia? —le preguntó Ariann, mientras servía la sopa.

La tía Ana respondió con otra pregunta:

—¿Prefieres pensar que han sido imaginaciones tuyas? Es cierto que la mente es muy poderosa.

—Es verdad. Pero no has contestado a mi pregunta... —insistió la niña.

—No solo creo en la magia, chicas. Sé que existe —replicó la tía sonriendo.

Luego metió la mano en el bolsillo de su larga blusa y sacó la **piedra en forma de huevo** con los colores del arcoíris, que dejó a las chicas maravilladas.

—**¡Hala!** —exclamó Andrea—. Parece una piedra de Uni...

—¡Parece una piedra preciosa, uni... **única**! —dijo Ainhoa, y le propinó un codazo a Andrea para que no se fuese de la lengua y metiera la pata.

La tía Ana sonrió enigmática, guardó la piedra otra vez y se sentó a comer.

—*La magia está en todas partes...*

Pero comed, que la sopa fría no vale nada —dijo.

—***¡Mmm, está riquísima!*** —exclamó Ainhoa al probar la sopa.

—Cuéntanos más cosas sobre la magia, tía, por favor —pidió Ariann.

—Ahora toca disfrutar de la comida.

De la magia os diré que solo puede verse con los ojos y el corazón abiertos...

Y que hay que saber guardar su secreto. Muchas personas no creen en ella, y se mofan, y cada burla aleja un poquito más la magia de nosotros.

Ariann se quedó pensativa. No podía decírselo, pero sabía que tenía mucha razón.

—Por cierto, ¿ya habéis aclarado las cosas? —les preguntó la tía—. Cuando llegué estabais discutiendo, y las discusiones no se arreglan solas...

Las tres A se acordaron de la discusión. ¡Con el viaje a Unicornium se les había olvidado!

—Bueno, se nos ha pasado el **enfado**, pero todavía no lo hemos comentado... Después de comer lo hablamos, ¿os parece bien, chicas? —preguntó Ariann.

Ainhoa y Andrea asintieron.

—¿Qué lleva la sopa, tía? La de mis padres no sabe igual... —preguntó la niña.

—Me alegro de que te guste, pero ¡ningún chef revela su ingrediente secreto! —respondió Ana sonriendo.

—Podrías darme la receta... —le pidió Ariann.

—Tal vez..., ¿quién sabe?

Después de recoger la mesa, las tres A fueron a la habitación.

—Chicas —dijo Andrea—, ¿no tenéis muchas muchas ganas de contarles a **César** y a **Borja** lo de Unicornium?

¡Se morirán de envidia!

En ese preciso momento, escucharon una voz en su cabeza:

—Guardad nuestro secreto y recordad: ¡siempre atentas a las señales!

¡Un mensaje de Acana!

—exclamó Ainhoa.

—**¡Qué fuerte!** ¡Hemos recibido un mensaje en unimano estando en casa! —se maravilló Ariann.

—El poder de Acana es increíble... —añadió Andrea.

—Por cierto, ¿os habéis dado cuenta de que en la comida la tía Ana ha dicho casi lo mismo que Acana? ¿Cómo era? Ah, sí: hay que saber guardar el secreto de la magia...

—***¡Es verdad!*** Y tenía una piedra con los colores del arcoíris... —añadió Andrea.

—Y tú has estado a punto de meter la pata... —le recordó Ainhoa.

—Pero tú lo has evitado —respondió Andrea sonriendo—. ¡Formamos un gran equipo!

—¡Claro que sí! —añadió Ariann—. ¡Somos las tres A!

—Y ¿verdad que la sopa que ha preparado era igualita a la de **Unicornium**? —preguntó Ainhoa—. Todo es muy raro...

—Bueno, está claro que no podemos decirles nada a los chicos —dijo Andrea.

—Exacto —añadió Ariann—. En cambio, tenemos que hablar de lo que pasó la otra tarde. Nos enfadamos mucho y luego no dijimos nada...

—Yo no tenía ganas de sacar el tema... —dijo Ainhoa.

—O tal vez necesitábamos un poco de tiempo para ver las cosas con claridad —aventuró Andrea.

—Sí, como con el mensaje cifrado en la Gruta Pasadera —recordó Ariann—. **A veces hay que tomar**

distancia, o tiempo, para entender lo que no comprendemos. Fue lo que quiso decir la tía Ana el día que la conocimos, ¿no creéis? Lo de ver las cosas a vista de pájaro...

—**¡Ah, claro!** —exclamó Andrea—. Pues va a ser que era eso...

—Y nosotras que pensamos que era rara... **¡En realidad es muy lista!** —dijo Ainhoa.

Justo entonces, Ariann oyó las llaves girando en la cerradura de la puerta principal.

—**¡Mis padres han vuelto!** Luego seguimos hablando, ¡me muero por darles un abrazo! —dijo la niña, y salió a toda prisa de su cuarto.

Andrea y Ainhoa la siguieron, sonriendo.

¡La entendían perfectamente!

CAPÍTULO 10

El poder de una canción

Ariann se lanzó sobre sus padres, abrazándolos a ambos a la vez, sin esperar a que dejasen las bolsas en el suelo.

—¡Qué ganas tenía de veros! —gritó emocionada.

—Ariann, ¡qué alegría! —dijo su padre, alborotándole el pelo—. Me alegro de verte, cariño. Pero ¡que conste que ni siquiera hemos estado fuera un par de días!

—Pues yo diría que en este fin de semana nuestra niña ha crecido... ¡Ariann, te veo mayor! —dijo su madre, que la llenaba de besos y la miraba con ternura.

—Déjanos pasar, hija, y así soltamos los bártulos

y saludamos a Andrea y a Ainhoa —añadió su padre sonriendo—. Buenas tardes, chicas. ¿Qué tal os ha ido?

—Genial —respondieron a coro las tres A.

—Qué ropa tan bonita lleváis —dijo su madre fijándose en las tres niñas—. No me digáis que el sábado fuisteis de compras...

Ariann no sabía qué responder, pero justo en ese momento la tía Ana apareció en el recibidor, arrastrando su bolsa de viaje y con el gran bolso verde colgado del brazo, y dijo:

—Ah, son cuatro cosas que traje de **Australia**. Ariann ha querido compartirlas con sus amigas.

—Así me gusta, Ariann, bien hecho. ¿Ya te vas, Ana?

—Sí, cariño. He quedado con mis amigas de la infancia y no quiero llegar tarde. Todas vivimos en países distintos y nos vemos poco, pero nos encontramos una vez al año en algún lugar del mundo. Hasta tenemos un grupo de WhatsApp, ¿sabes? ¡Somos más modernas de lo que parecemos!

—Bueno, pues que disfrutes, y muchas gracias por todo —le dijo la madre de Ariann y le dio un abrazo—. ¿Qué tal se han portado las chicas?

—**Perfectamente.** Ha sido un placer conocerlas —respondió la tía Ana.

Se despidió de todos, con las pulseras tintineando en sus muñecas. Justo antes de que se cerrara la puerta, la tía Ana se giró un momento y le dijo a Ariann:

—Me alegra que hayas aprendido la importancia de la **humildad** y de la **generosidad**, Ariann. ¡No lo olvides nunca!

Y le guiñó un ojo.

«¿Humildad y generosidad?», pensó Ariann. Justamente las dos pruebas que habían superado para salir de Unicornium... Los pasos pequeños eran la humildad, y la generosidad fue ceder su sitio a Araceli para volver con sus padres... **«¿Acaso la tía había estado en Unicornium?»**, se preguntó. Eran demasiadas señales: la piedra en forma de huevo, el sabor de la sopa, que dijera que la ropa que llevaban venía de Australia... ¡y ahora esto!

Acana le había dicho que estuviera **atenta a las señales**, y tenía claro que todos estos detalles no eran coincidencias, sino indicios. Ariann decidió que la próxima vez que viera a la tía Ana hablaría de Unicornium con ella. **¡Tenía que haber estado allí!**

—Ariann, ¿qué ha dicho la tía de la humildad y de la generosidad? —preguntó su madre.

—Esto..., nada, un juego de palabras entre nosotras —improvisó Ariann—. Por cierto, tenías razón:

¡la tía Ana es un encanto!

Volvemos al cuarto, ¿vale? Es que estábamos hablando de cosas importantes.

—Pues seguid, cariño —respondió su madre—. Nosotros desharemos las maletas y nos tumbaremos en el sofá, ¡estamos molidos de tanto caminar!

Cuando las tres A estuvieron otra vez en la habitación, Ariann dijo:

—Volviendo al tema de antes, quiero pediros disculpas por mi cabezonería. Me puse bastante antipática con el musical.ly...

Lo siento, en serio.

—Es verdad, no te gustaba nada de lo que hacíamos..., pero yo tampoco lo puse fácil —se sinceró Andrea.

—Ni yo —admitió Ainhoa.

—Tenemos que intentar que no vuelva a pasarnos algo así —dijo Ariann.

—Creo que estábamos **enfadadas** por lo que

habían dicho Lexa y sus amigas —intuyó Andrea—. Y ni siquiera nos dimos cuenta.

—Es verdad... Tendríamos que hablar más de nuestros **sentimientos** —propuso Ariann—. De nuestros miedos, celos, inseguridades..., de nuestros sueños...

—**A MÍ ME CUESTA BASTANTE** —respondió Ainhoa—, pero lo intentaré.

—Estoy de acuerdo —dijo Andrea—. Así que voy a empezar yo, ¿vale? Os contaré una cosa que últimamente me ha agobiado bastante. Ya sabéis que siempre he querido ser escritora... Bueno, la semana pasada enseñé mis poesías a la profesora de literatura, la que dirige la revista del colegio, ya sabéis. Pues el viernes por la tarde me dijo que le gustaría publicar uno de mis poemas... **y le dije que no.**

—**¿Por qué?** —preguntó Ariann.

—Porque me da mucha vergüenza..., y tengo miedo de que a la gente no le guste, o de que se metan conmigo... Como son temas íntimos... Me da rabia, pero no me atrevo.

Ariann recordó el teatro mágico al que la llevó Fisquitus y, sin decir nada, se puso a cantar.

Cuanto más quieres ver,
menos encontrarás.
No le temas al miedo
ni a la oscuridad,
la verdad es como el aire:
no la puedes tocar.
Solo debes sentir
dónde quieres llegar, ¡eh!

Siete colores,
siete vidas,
solo ven conmigo,
yo seré tu guía.
Todos con las manos unidas
viendo amanecer...
Ieee, ieee.

Unicornios de color
que hacen un mundo mejor.
Ellos pueden alegrarte el día,
en este mundo no hay dolor,
Libera el corazón.

Todos cantando esta melodía,
el poder de una canción
que te llena de alegría.

El poder de una canción que te cambiará la vida.
La ilusión te llevará lejos (lejos),
no te busques mirando al espejo.
El poder de una canción
que te cambiará la vida.

Todo es amor,
solo tienes que buscarlo, ven a celebrarlo
a mi mundo de color.
Esta fiesta no ha acabado
y estás invitado.
Sigue tu destino,
síguelo hoy.

Si me necesitas, grita al cielo y voy.
Yo te llevo de la mano hablando en unimano.
Somos hermanos
en Unicornium.
Aquí me siento feliz,
quiero que tú te sientas así,
en Unicornium la magia es así.

Todos cantando esta melodía,
el poder de una canción
que te llena de alegría.
El poder de una canción que te cambiará la vida.

La ilusión te llevará lejos (lejos),
no te busques mirando al espejo.
El poder de una canción
que te cambiará la vida.

Sus amigas la escucharon en silencio, quietas como estatuas. Cuando terminó, Ainhoa exclamó:

¡Ariann, me encanta! ¡Es preciosa!

Andrea se quedó tan impresionada que no podía hablar.

—Andrea, ¿estás bien? —le preguntó Ariann.

—Sí, sí... —respondió—. Es que... esta canción me ha hecho ver las cosas de una forma distinta. Así, de repente, sé que no pasa nada por tener miedo, pero es que además ya no lo tengo. Me siento más fuerte, como si tu música me hubiera transmitido **una fuerza especial**... ¿Sabéis qué? Ahora mismo le mando un mensaje a la directora de la revista y le digo que publique mi poesía.

—**¡Bien dicho!** —gritó Ainhoa.

—¡Claro que sí, Andrea! —la felicitó Ariann, y le dio un abrazo—. Compuse esta canción en Unicornium, justo antes de que descifráramos el mensaje... Fue un momento mágico en el que recuperé la confianza en mí misma, y parece que la melodía ha mantenido esa magia, ¿verdad?

—Acabamos de comprobarlo... —respondió Ainhoa—.

¡Es una canción preciosa y poderosa!

—Escuchad, ¿por qué no preparamos una coreo con esta canción? —propuso Andrea.

—¡Vale! ¡Buena idea!

Comenzaron a bailar mientras Ariann cantaba, y los pasos les salían como por arte de magia.

¡Estaban conectadas con el poder de la música!

Mientras ensayaban, llamaron a la puerta.

—Ariann —dijo su madre—, tienes visita...

¡César! ¡Borja!

—exclamó Ariann superfeliz al ver a sus dos amigos.

—Como ayer no pudiste quedar, hemos venido a verte —dijo César con una sonrisa encantadora.

—¿Os apuntáis al baile? —propuso Andrea.

Borja dejó su cámara de fotos, de la que nunca se separaba, y respondió:

—**¡Vamos allá!**

—Vale, pues primero miradnos —explicó An-

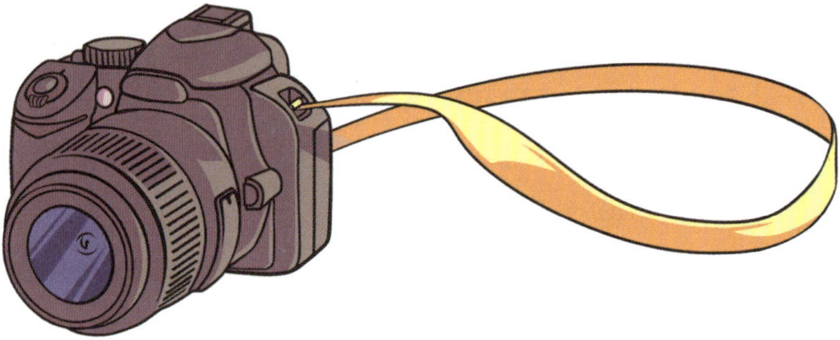

drea—. Fijaos en los gestos: **este es magia, este es amistad...**

—Este es para cuando decimos «siete colores»... —dijo Ainhoa.

Los chicos pillaron los pasos enseguida, aunque Borja, como siempre, los modificó con su estilo particular. Después de practicar unas cuantas veces, Ariann pidió a su madre que los grabara.

¡HA QUEDADO PERFECTO! 👌

—dijo César cuando terminaron y comprobaron el resultado.

—Por cierto, Ariann, ¿de dónde ha salido esta canción? —le preguntó su madre—. Me ha dejado sin palabras...

—Y a mí, ¡es una pasada! —comentó César.

Ariann sonrió:

—La he compuesto este fin de semana... ¡con la ayuda de los unicornios! —añadió mirando a sus peluches.

—Pues te felicito. Esta canción llegará lejos, hija.

¡Debería escucharla todo el mundo!

Cuando su madre se fue, los chicos colgaron el musical.ly para compartir la canción y el vídeo con todos sus amigos.

—Es un tema superbonito, Ariann —le dijo César.

—Y el mensaje es tan positivo... Estoy seguro de que abrirá los ojos a mucha gente —añadió Borja.

—Exactamente como me ha pasado a mí —dijo Andrea con una sonrisa.

—**Es la canción más preciosa y potente que he escuchado** —aseguró Ainhoa—. Tiene un poder especial.

—Chicas, vais a tener miles de **corazones** con este vídeo —vaticinó Borja.

—¡Yo apuesto por un millón! —exclamó César—. Es imposible que haya alguien a quien no le guste.

—Y si lo hay, no nos vamos a enfadar. Porque nuestra amistad está por encima de los comentarios de los demás... —afirmó Andrea.

¡Y EL PODER DE LA MÚSICA, DE LA MENTE Y DE LA MAGIA ES IMPARABLE!

—añadió Ariann.

Se abrazaron las tres, y *Lola* se puso a brincar a su alrededor, ladrando de alegría.

¡Chicas, un selfi!

—propuso Borja.

Ariann agarró a *Lola*, y los seis amigos (cinco niños y una chihuahua) juntaron las cabezas y miraron a la cámara con una sonrisa llena de felicidad.

¡Todos con cara de selfi!

Borja disparó, y aquel instante quedó grabado para siempre en sus corazones y en aquella foto.

Índice

Siempre he creído en los unicornios, en perseguir mis sueños con toda la energía y la fuerza de mi corazón, y la vida me ha demostrado que todo es posible si eres perseverante.

Cree en ti, persigue tus sueños.

Aquí puedes escribir lo que deseas, y, por qué no, **componer tus propias canciones.**

¡Compón aquí tus canciones!